表现

电视化传播语汇的全解构

唐晓晔 著

群言出版社
QUNYAN PRESS
·北京·

图书在版编目（CIP）数据

表现：电视化传播语汇的全解构/唐晓晔著. —
北京：群言出版社，2016.8
ISBN 978-7-5193-0170-5

Ⅰ.①表… Ⅱ.①唐… Ⅲ.①电视（艺术）—语言艺术—研究 Ⅳ.①G222.2

中国版本图书馆 CIP 数据核字（2016）第 210998 号

责任编辑： 李　越
封面设计： 胡中平

出版发行： 群言出版社
社　　址： 北京市东城区东厂胡同北巷 1 号(100006)
网　　址： www.qypublish.com
自营网店： https://qycbs.tmall.com(天猫旗舰店)
http://qycbs.shop.kongfz.com(孔夫子旧书网)
http://www.qypublish.com(群言出版社官网)
电子信箱： qunyancbs@126.com
联系电话： 010-65267783　65263836
经　　销： 全国新华书店
法律顾问： 北京天驰君泰律师事务所

印　　刷： 长沙佳禾林印刷有限责任公司
版　　次： 2016 年 9 月第 1 版　2016 年 9 月第 1 次印刷
开　　本： 880mm×1230mm　1/32
印　　张： 6.5
字　　数： 140 千字
书　　号： ISBN 978-7-5193-0170-5
定　　价： 29.80 元

前　言

1926年1月26日，一位来自苏格兰的英国电器工程师贝尔德向40余位英国皇家学会的科学家展示了他发明的电视机。这台神奇的机器有一个看似普通的玻璃显示屏，接通电源后，居然出现了一个人抽烟、讲话的流畅画面。

90年后的今天，这个神奇的机器盒子已经成为无数家庭、旅店、商场等的普通设施，就连人们随身携带的手机、电脑都可以看到和那个盒子里一样形态的信息。这个机器盒子的魔法到底在哪里呢?

在此，我们讨论的并非电视机的发明对人类的重要贡献，而是探讨这个神奇的魔盒为我们提供了什么，或者说我们的生活为什么再也离不开它。

现代社会，科技日新月异。无论是生活在静谧的田园风光里，还是奔走于忙碌的都市中，人们都可以通过诸多媒体渠道了解到外部的世界。然而，无论从传播特性、信息形态还是艺术表现手段来说，电视媒体与平面媒体、广播媒体、网络媒体、户外媒体和手机媒体相比，都是独具一格的。

因为视听合一，其信息的及时、生动、参与性是无与伦比的；因为融汇了文字、语言、摄影、音乐、设计、戏剧、电影、绘画、舞蹈、主持等多种艺术门类的表现手段，其信息的组合形态是丰富多彩的，感染力是超群的；因为科学技术的强力支撑，其信息制造和传播方式的创新性和突破性是无可限量的。

而这些——新鲜、变化、未知，正是使信息成为永恒的最关键要素。可以说，从没有哪一种信息像电视信息一样形象、综合、庞杂、巧妙、变化无穷。

人们常常喜欢用“电视化”来概括电视信息的全貌，似乎已经意识到了电视信息带给人们的独特魅力。然而，迄今为止，学界似乎还没有对于“电视化”概念的严谨的界定。我们可以尝试一个简单的思考方法：既然电视信息是一种自成一体的形态，就如同一种特殊的语言，那么它一定是由各种信息符号排列组合而成的，我们不妨确认这些信息符号到底有哪些，然后找到这种特殊语言排列组合的内在规律。在这种规律的统领下，组合信息就如同被电视“特性化”了的结果，打上了“电视”的烙印，从而成为一种有别于他种信息的表达。

因此，我们有必要站在传播学的角度，重新审视制造这样的信息的方法。正如传播学大师威尔伯·施拉姆和威廉·波特的一句经典概括：“传播的符号”唯一值得注意的亮点就是作者对符号性质、内涵、外延的深刻洞见。如果我们能深刻理解“洞见”的含义，就可以以此延伸思考下去。电视信息的符号既非单纯的文字，也非单纯的图像，更非单纯的音响、图表、语言、设计……它是如此庞大而综合的信息结构系统，有着丰富多彩的组合形态和表现语汇。面对这些组合符号，我们这些电视信息的生产制造者，能否在两位大师的启发下，在“对符号性质、内涵、外延的深刻洞见”的基础上，寻找到一套熟练、准确、高超的运用方法呢？

电视化的传播语汇到底是什么？是什么左右着这些语汇的组合和传播效果呢？

一直以来，我们单纯地学习播音主持艺术，大胆尝试着各类新闻采访秘笈，悉心钻研着影视摄影技术，练习着画面的编辑技巧，实践着3D制作的艰深理论，融汇贯通着各类采编技巧，但是，这还是远远不够的。因为，面对电视信息如此综合庞杂的形态，我们必须找到组成（制造）这些信息的系统的语汇，更重要的是，我们必须找到这些语汇的运用规律。诚然，这些规律已经不再停留在怎样拍出一个优质的画面、怎样用语言精彩表达一段文字、怎样用图像和文案来描述一个事实、怎样与采访对象畅快地沟通这样的单纯语汇上，而是在纯熟掌握这些单学科语汇的基础上，把重点转向如何归纳和审视综合的电视化传播语汇的运用方法。它不仅可以当作生产电视信息的最直接的着力点，而且也可以作为判断电视信息产品优劣程度的标准。

好了，现在我们可以提问了：同样的一个新闻事件，为什么不同方式的报道给你留下了截然不同的印象？

同样的一个节目，为什么过去我们启用一位主持人，而如今，这类节目的主持人有可能达到五位甚至更多？

同样是张艺谋执导的2008年北京奥运会开幕式，为什么海外的观众们收看时惊呼精美绝伦，而正在现场指挥的张艺谋却为国人的批评而沮丧至极？

同样是一场现场秀的录制，为什么20世纪80年代中央电视台的春节联欢晚会现场只有3台录像机，而如今创造收视奇迹的《中国好声音》全场必须使用24个机位？

一个真人秀节目，只有7名参与者，为什么需要上百人的导演、摄制团队？而其素材比远远超过1∶100？

为什么电视行业是一个讲究创新、创意、创举的行业？为什么一档电视节目必须不断改版更新，尽管如此，其生存寿命也只有短短的几年？

……

这无尽疑问的答案，也许正好隐藏在电视化传播语汇的秘密当中。

现在，就让我们来一一解锁吧。

目　录

第一章

电视信息传播的语汇系统

第一节 电视传播的核心——信息

1926年，一个可以播放出连续画面的“神奇机器盒子”诞生了，它的发明者贝尔德也许未曾意识到，这个世界也多了一样全新的东西——有着特殊形态的信息。这种信息不是单纯的文字、单纯的图片、单纯的声音，它是随时间变化的、连续的、可以组合更多丰富信息符号的综合信息链或者说信息组团，包含语言、文学、摄影、美术、戏剧、音乐、电影等诸多符号，而且是可以调动各种符号的表现手法进行综合呈现的信息。

十分有趣的是，当年贝尔德为了筹措改善机器盒子的资金，竟然把它安装在一家店铺里，因为它，店铺吸引了大量顾客，做火了生意，于是店铺的老板每周向贝尔德支付25英镑的费用。最终，靠着这笔酬劳，一年多以后，贝尔德将它由黑白显示变成了彩色显示……这只“神奇机器盒子”从一开始就和信息以及信息对人们的作用紧紧相连。

传播学大师威尔博·施拉姆和威廉·波特指出：“媒介的功能是广泛、迅速地提供信息，使受众能便捷地得到信息，从体制上看，媒介的主要功能是过滤并放大信息。媒体从社会上的一切信息中挑选一些他们认为希望广泛流通的新闻，加工并放大这些信息，服务于广大的受众。”

作为大众媒介的一个重要组成部分——电视传播是现代社会

不可或缺的重要媒体，承担着宣传、娱乐、教育、信息（广告）等几大功能，而无论是什么功能的实现，其本质都是以信息为核心、以传播技术为手段、以有效传播为目的。通过信息的传播起到从上而下的宣传作用；通过信息的传播起到从专业权威到普通民众的知识的教化作用；通过信息的传播起到平行关系的娱乐互动作用；通过信息的传播起到买卖双方交易实现的作用……所以“信息”是其传播效果的最根本也是唯一的衡量单位。

传播学原理还告诉我们：选择、加工信息是媒体运作的重要组成部分，大众媒介是信息在社会流通中的主要把关人。记者决定采写新闻现场中的哪个事实予以报道，编辑决定应该以怎样的顺序、怎样的篇幅发布哪些新闻，评论员决定就哪件新闻事实、从哪个角度予以分析评论得出观点，编导决定选择讲述哪些故事来感动、影响受众，影视制片人决定用什么设备捕捉什么样的信息来烘托主题，摄像师决定摄像机镜头对着哪个方向，是中景还是特写，后期编辑决定哪些镜头需要删掉、哪些需要保留……媒体把关人的选择决定着信息产品的形态和质量。因此，电视传播的实质是处理信息。

然而，以往我们衡量电视媒体信息处理的优劣或电视产品质量的标准是多样的。比如各类专业奖项：新闻、专题、纪录片、文艺、电视剧、广告……比如各类政府奖项：“五个一工程”奖、政府新闻奖、各类电视节大奖以及众多的行业大奖。当然，这些传统的评奖项目是我们行业创优选优评优的经典标准，它一直引导着整个电视行业朝着规范、科学、专业、权威的方向发展。但是，随着社会的不断进步，随着受众对电视传播要求的不断提高和除电视传播以外其他媒体的迅速发展、渗透和整合，电视行业正面临着越来越巨大的市场挑战，除以上各类传统奖项，如今我们更多会关注“收视率”“关注度”“号召力”“市场份额”等一系列新的标准。在这样一个信息井喷，信息流量、密度、速度飞速发展的时代，业界已经深刻意识到“收视率”的王者地位。

然而，收视率是什么？众所周知，收视率就是眼球，就是关注度，就是受众锁定你的信息所占的百分比，也就是媒体所传播的信息的影响力。可以说，只有确立了这个客观的评价标准，才能真正回到传播学所确定的电视传播实质的轨道上来，才能把一切凌驾于内容之上的形式的外衣统统剥下来，回到问题的核心。当然，我国现阶段存在的一切媒体都是在党的领导之下的舆论阵地，是政府与群众沟通的桥梁，是以先进的文化鼓舞、娱乐大众的重要手段，本书的研究探讨正是基于这样的前提。

在电视传播当中，不管你以什么内容、什么形态，采用什么噱头、什么标签，只要饱含能够引起受众关注、记忆，能够感动、感染、影响受众的优质有效的传播信息，你的目的就达成了。

我们可以因为某个画面中一双特别的眼睛而记忆犹新，因为某条新闻中强调的某个对比数据而全然信服，因为某个电视剧片尾曲的优美动听而锁定这部剧，因为某个喜爱的主持人的出镜而久久不愿意换频道，因为某个高科技的传播技巧而觉得新奇魔幻、魅力无穷……此刻，吸引你的一定是电视传播中的信息——这些搭载在某种形式上而深深吸引你的信息，或者说是这些信息中的某个有意思的信息符号。

这里是本书第一次提出“符号”一词，笔者可以解释一下，如果我想传播一个信息“我病了”，那么在传播这条信息时我有很多表现符号和语汇可以选择。

(1) 我可以直接在纸上写出来“我病了”。(这里的符号是文字)

(2) 我可以录一段视频，我正头上敷着毛巾，难过地躺着。(这里的符号是影像)

(3) 我可以录一段声音说“我病了”。(这里的符号是声音)

(4) 我可以画一幅画，在那个小人旁写上我的名字。(这里的符号是绘画)

(5) 我可以向别人出示我刚买的药。(这里的符号是逻辑)

(6) 我还可以在人前咳嗽流鼻涕。(这里的符号是动作)

……

以上这些都是“我病了”这个信息可以用的表现符号和语汇。那么，我们用哪种符号和语汇传播这同一条信息你更愿意接受或者印象更深刻呢？这个话题先搁置在这，以后再论。

传播学原理还指出：“有效传播的秘诀是有能力控制语言的抽象程度，使受众能明白信息把关人要表达的意思，并且能在这个层次的范围内对抽象的程度做一些微调，使比较抽象的内容建立在具体概念的基础上，使受众能比较容易地从简单熟悉的形象过渡到抽象的命题或概括的结论。”

实际上，这句话我们可以这样理解：当我们在制作电视传播内容时，如果能使用合适的语汇（符号）恰如其分地表达编导（信息把关人）想要表达的意思（或想要传递出来的信息），那么，无论是简单直观的具体信息还是抽象复杂的逻辑和情感信息，都可以顺利地传达给受众，并打动、感染受众，甚至与受众产生互动。

好了，现在我们可以将从业多年的思路做一个有意思的转换，我们为什么不可以用一双“信息的眼睛”、一种“信息传播效率”的尺度来衡量我们的工作呢？

由此，我们面前的一切都发生了微妙的变化。

电视媒体——信息传播的平台。

电视机构——信息加工车间（广义信息把关人）。

电视媒体人——信息的生产者（狭义信息把关人）。

自然和人类的社会生活——采集信息的原料。

语言、文学、摄影、音乐、戏剧、电影、美术等——信息传播的符号。

电视节目——信息链或组团。

电视观众——信息受众。

……

如上有些内容曾被学界或多或少地关注和研究，使我们得以站在传播学的角度更多地审视与我们相关联的传播实践，但是笔者在这里重新把信息传播所涉及的各方面全部排列出来，无非是希望：从本书开始，让我们都换上一双全新的眼睛去寻找、审视、判别我们熟悉的领域，调整我们的生产行为，以最有效的方式提供最有效、最优质的电视传播信息。

第二节　电视传播信息的构成——符号

电视作为视听结合的传播载体，信息的构成是瞬时的、具体的、多维的、延展的、连贯的、综合的，它具有与一般形态信息不同的特性。这里，我们截取任意电视节目形态中的信息片段进行分析。

（一）电视新闻

中央电视台《新闻联播》栏目是国内最典型的一档权威的新闻栏目，2012 年 12 月 6 日的节目，片长 30 分钟。其包含的信息符号或符号组团有：

三维制作的动画片头、播音员口播、字幕、新闻素材视频、新闻文稿、现场同期声、历史资料回放。

（二）电视谈话节目

凤凰卫视著名谈话节目《鲁豫有约》2012 年 12 月播出的采访徐铮、黄渤的专题节目，片长 41 分 36 秒，其包含的信息符号或符号组团有：

三维动画片头、片花、主持人、现场互动观众、字幕、现场访谈、场外视频连线、视频资料回放、同步视窗、背景视频、宣传篇视频、音效。

（三）电视广告

欧派橱柜广告是很长一段时期活跃在电视荧屏上的广告作品，许多观众会记忆犹新，广告时长 15 秒，其包含的信息符号或符号组团有：

广告文案、演员表演视频、配音、背景音乐、字幕、三维动画。

（四）电视纪录片

2012 年风靡全国的大型人文纪录片《舌尖上的中国》6 集，其中第一集片长 43 分 10 秒，其包含的信息符号或符号组团有：

摄像画面素材、文案配音、字幕、三维片头、片花。

（五）音乐电视

2012 年韩国神曲音乐电视《江南 Style》（片长 4 分 12 秒），其包含的信息符号或符号组团有：

摄像画面素材、音乐。

以上是我们最常见的各种形态的电视传播信息，在解构电视传播信息符号构成、分析其特色时，我们应该注意到与过往行内对电视节目形态表述的几点不同。

（1）过去我们的电视节目经常以画面、声音等单个表意符号来表述，但随着社会的进步和科技的发展，电视传播的信息已经变得更加多元、互动、可叠加，时间、空间上有延展性，连贯而相互关联，它们并非像过去那样是单一的符号。比如开始的电视只有图像而没有声音，又比如过去我们只能播放一个演员站在画面中央唱歌，但现在我们的音乐电视可以通过更丰富地运用电视传播手段给受众更多、更美、更感染人的信息内容……正是这些多元、互动、可叠加，具有时间、空间延展性，同时又连贯而相互关联的信息共同支撑着电视传播立体的、多元的、丰满的、深度的呈现。所以，我们介定电视传播符号的单位时，应该定位在“能够相对独立表意”的单个符号或符号组团上。

（2）我们看到，以上所举的案例尽管数量有限，但它们显然是目前众多电视传播信息形态中极为常见的一部分，因此具有很强的代表性和分析价值，通过这些个案，我们观察到它们在各类信息符号运用的数量、组合方式和丰富程度上都是不尽相同的，这说明任何电视传播信息对于众多的符号或符号组团的应用是没有固定数量和形式模板要求的。也就是说，运用这些符号的手段和目的是丰富多变的。

（3）随着电视传播事业的不断发展，尤其是随着其信息生产者（信息把关人）的理念、创造性的进一步发挥和科学技术的不断发展，电视传播信息的符号或符号组团的变化发展理论上也是无限的。也许，这正是当今时代电视传播信息符号最显著的特征，也是笔者希望暂时撇开过去对于电视传播内容在题材上的严格分类的要求，而专注于研究探索“信息产品传播”这个大概念下的生产规律的最重要的原因。事实也是如此，目前媒体和受众共同面对的电视传播产品大多数时候早已经不再是简单的声音加画面，甚至过去我们所熟知的电视节目形态的分类也已经变得越来越弱化，越来越多的节目不论形式还是内容上都打破了原来结构、形态的限制，不断地进行组合、叠加、融合，就如同写作，我们不再去严格定义写的是小说、散文还是剧本、诗歌，我们只需去关心好不好看，信息影响了多少受众。基于此，我们有必要将研究对象锁定在能够构成各类传播形态的最小单位上，这些最小单位也许是过去我们常说的“字”，也许是随着技术和观念的发展而新产生的“词”或“词组”。总之，它们都是具有独立表意功能及无限的组合裂变能力的单位，如果需要用一个更准确的概念表述的话，我们可以统称为“电视语汇”，即用来表达电视“把关人”想法的所有电视传播符号和符号组团的总汇。

第三节　电视传播信息符号的表意单位——电视语汇

鉴于电视传播视听合一的特性，我们在解构电视传播语汇的时候可以将其分为三类：视频语汇、音频语汇和综合语汇。

一、视频语汇

指通过视觉信息刺激受众视觉系统使之产生反应的一切电视传播语汇。包括摄像画面素材、字幕、数字与图表、图标、三维动画、视窗（LED屏）等。

语汇名称	语汇形态	信息特征	表达功能	使用规则
影像	动态	形象、直观	状态、细节、色彩、大小、快慢、情绪、数量、变化	是电视传播的主要视频语汇，适用影视画面编辑技巧
字幕	静态	明晰、准确	内容、文学、逻辑、表意、抒情、描述、提示、强调	作为视频语汇的信息补充
数字与图表	静态	易于识别、对比、记忆	数据、对比、关系、说明、变化、补充	
图标	静态	形象	方向说明、注意提醒	

续表

语汇名称	语汇形态	信息特征	表达功能	使用规则
影视动画	动态	形象、生动、虚拟、浪漫	描述、展示、说明、演绎	适用于三维动画制作及编辑技巧
视窗（LED）	动态	形象、真实	影像空间拓展、补充、说明、背景烘托	

二、音频语汇

指通过声音信息刺激受众听觉系统使之产生反应的一切电视传播符号。包括电视文案配音、现场同期声、现场音响、后期音效、音乐、演员台词配音、场外音频连线等。

语汇名称	语汇形态	信息特征	表达功能	使用规则
电视文案配音	动态连续	文字、文学、内容、逻辑	描述、叙述、感情、态度、观点、结论	是电视传播的主要听觉语汇，适用于文学修辞法规则
现场同期声	动态连续	生动、个人特征、内容	交谈、言论、描述、观点、抒情、强调	是电视传播的主要听觉语汇
现场音响	动态	真实、特色	烘托、说明、背景	
音乐	动态	形象、优美	表意、抒情、烘托、强调、情感	是电视传播的主要听觉语汇

续表

语汇名称	语汇形态	信息特征	表达功能	使用规则
后期音效	动态	形象、生动、虚拟、浪漫	描述、展示、演绎	
演员台词配音	动态	文学、形象	演绎、表述	
场外音频连线	动态	真实、生动、个性	表述、说明	在视频不具备的情况下适用

三、综合语汇

指播音员或主持人出镜、受众互动、视频短片、视频连线等电视传播符号的组团。

语汇名称	语汇形态	信息特征	表达功能	使用规则
播音员或主持人出镜	动态	形象、直观、语言、真实	描述、陈述、叙述、表达内容	是电视传播的主要综合语汇，适用播音与主持技巧
互动	动态	双向、语言、直接、变化、随机	表意、交流、碰撞	是电视传播的重要语汇
视频短片	动态	形象、生动、真实	表意、说明、回忆、补充	
视频连线	动态	真实、及时、生动	表意、观点、陈述	

第四节　电视语汇的信息特征

电视语汇是表达电视信息的符号和符号组团的统称，它的表现形式为音频和视频以及其综合体，虽然其组成的单个的符号数量不是很多（随着电视媒体的发展，信息符号会不断增加和发展变化），但是其组合方式却十分复杂多变。它既可单独表意，也可组合起来综合表意，其表达的方式和手段可以是固定的，也可以是随机变化、叠加的。它独特的信息特征表现为：形象、生动、及时、互动、符号多元、单位时间信息量大。但是，尽管它有如此众多的特征，它的使用准则却是单一的，即以信息传播效率为标准，这也是所有电视传媒专业技巧都要遵循的规律。

下面，我们来看看几种重要的电视语汇的信息特色和传播功能。

一、影像

（一）影像的表现特征

影像是通过摄影机、摄像机等器材拍摄出来的一切视觉素材，是众多视觉性系列符号中的重要组成部分，是电视传播最主要的符号和语汇，是电视传播形象化特征最直接的承载者和表达者，具有形象、生动、丰富、动态等信息特征，其对状态、细节、变化、情绪、逻辑、时间、空间等具有强大的表现功能。

学者孙承健曾对影像表达的魅力和体验做过细致的研究，他认为，影像表达以其特有的魅力及独特的艺术形式成为最能够激发起人类感情性的活动，是引发影像与受众情绪、情感互动的重要形式，并且由于其广泛的跨文化的传播特征，影像艺术更当之无愧地成为文化传播的重要艺术载体。

他还认为："影像通过刺激视觉感官，激活受众的神经冲动，从而导致神经系统的变化，这种变化的结果就是情绪。"同样，我们从传播学的角度也可以找到相应的研究成果："影像属于非语言信息，它是可以传播具体信息的综合效应，影像可以告诉我们，某事物的外形如何、某人的相貌如何、行为怎样、如何开机器、在宇宙飞船或球型潜水器里能看到什么，等等，在这样的语境中，图像比词语的表现力强得多。"

让我们回过头去看看1922年轰动美国的纪录片开山之作《北方的纳努克》(片长78分钟)。

以它为例的理由有两个：首先，这个片子拍摄于1920年，是第一次用纯影像来记录现实生活，尽管它不够精致，语汇也远不如今天那么繁复多变，没有配音、电子特技，只有少许手写体的字幕和背景音乐，但这恰恰可以证明单纯的影像的独特魅力。其次，尽管它是一部用摄影机拍摄的纪实电影，但是从影像的表达层面上来说和电视影像是一脉相承的。

本片是享有"纪录片之父"声誉的美国纪录片导演罗伯特·弗拉哈迪的第一部纪录片电影，记录了加拿大魁北克省北极圈内哈德逊湾的伊努朱亚克附近因纽特人首领纳努克一家人从1920年8月到1921年8月期间的日常生活，包括与白人交易、捉鱼、捕猎海象海豹、灶火烹饪以及建筑冰屋的场景，开创了人类学社会影像记录的先河。

看了片子的开头，让人会心一笑。一条皮质小船从远处划过来，刚一停泊，主人公——爱斯基摩人里最好的捕猎手纳努克就将甲板上的大女儿艾力抱上岸来，接下来又从不大的皮船舱里依次“掏”出了他的一家人：胖胖的妻子奈拉和被包在皮毡子里的小女儿、高个子儿子库尤和训练有素的小狗古摩克……以狩猎为生的温和、勇敢、乐观的一家成员依次登场，远处一望无际的是巴芬岛荒芜人烟的水域。

值得注意的是这些视觉信息都是通过一个不曾截断的长镜头记录和表现的，这里我们来着重分析一下这个长镜头的表现（意）方式。

这个123秒的长镜头是摄影师立在岸边，从不带海岸线的中景开始，一条小皮船从水中央划过来，接近靠岸，画面上出现船的侧面全景和水岸，主人公纳努克一开始似乎划过了上岸的最佳位置，他先摆动划桨退回来，然后自己费劲地抽身出船舱，收好船桨，接下来，他帮助一个个家人从那个直径不到60公分的船舱口里费劲地出来并依次下船，镜头始终停在同样的距离、景别和方向上，我们耐心地注视着。此时，我们可能最关注并留下深刻印象的是：皮筏子里神奇地爬出好大一家子人，他们动作艰难、缓慢又不失熟练，上岸之后泰然自若、神态平和，习惯性地整理衣装。可见这就是他们习以为常的真实生活，没有半点修饰。影像开放式地叙述了极富特色的客观而真实的信息，给人留下了无限的想象空间。在这123秒里，我们有足够的时间看纳努克熟练地驾船、出仓、张罗一家人；看他的女儿和儿子的生气勃勃，和他胖妻子肩膀上的皮质育儿袋；看冰天雪地里被丢进母亲育儿皮袋的赤裸的小婴儿，还有那只活蹦乱跳的小狗。设想，如果不是采用这样连续的固定机位的长镜头，我们的注意力似乎会被频繁切换的、多角度或放大的细节所干扰。当然，作为整部纪录片的开头，在这 123 秒里，我们肯定不止看到纳努克一家五口人和一只狗，我们有足够的想象时间和空间：在这样严酷的环境中他们怎么会有这么蓬勃的生命力？他们是如何吃穿住行的？他们是如何抵抗严酷的自然环境顽强生存的？他们的生活和我们又有什么不同？……这，正好就是一部好片子开头所应具备的功能，它让人从愿意接收信息开始，产生好奇、生发联想，进而激发探寻欲望，可以说这 123 秒为接下来的 70 多分钟的故事做足了铺垫。

值得一提的是，导演罗伯特·弗拉哈迪在拍摄这部片子之前没有任何摄影的经历，他只有一个想法，拍一个这样题材的电影，一定会受欢迎，于是他做了，这可以说是一个极其典型的、朴素的动机，就像你想告诉他人一件事情（或一个信息），而你用自己的词语表达出来了。不同的是，他表达得十分精彩。后来这个电影风靡全球，被捧为纪录片的开山之作。

从这个例子我们得出了两个结论。

（1）符号运用的流程实际上来自并取决于你要表达什么，这些符号并不是受某某规则所左右，而是受制于你这个要表达信息的人想怎样表述。这个流程表现为：创作者的想法—组织语言—运用语汇—传播—传播效果。

（2）即使你从没有学习过系统的符号体系和运用规则（比如

画面的构图、色彩、光线等），但你如果希望别人尽可能地明白你表达的本意，你也会不由自主地采取恰当的甚至可称精彩的表达方式，这基本上是人与生俱来的智慧。

由此可见，"'可视性的系列的符号'其指代关系的确立很大程度上取决于创作主体所要表达的意念及其所运用的方式"，我们是在想要表达信息的前提下来使用语汇进行传播的，为了恰当表达，我们可能创造出无限的表达方式。

让·米特里说："当影像具有表意功能时，它的表示的意义并不等于它所展示的实物。"当影像展现视觉表意的功能时，影像本身的原始指代已经被新的意义所取代，这一新的意义由各个表像元素之间形成的蕴含关系在体验认同的基础上生成。

这就是影像对受众的意义，影像能使受众看到镜头里的事物，同时也远不止镜头里的事物，它能使受众感受到镜头里看不到的东西，它能把联想线索暗示给受众，传达深刻的思想和激起受众的审美情感。

（二）影像的信息功能

1. 再现真实

首先我们不得不提及全球电视传播领域的一个重大事件：1980 年 6 月，世界上第一个电视新闻频道 CNN 在美国诞生，它的创立者泰得·特纳冒着风险勉强支撑，直至他遇到一个转机。1986 年 1 月 28 日上午，他们正在现场直播美国"挑战者"号发射，航天飞机从佛罗里达州卡纳维拉尔角肯尼迪航天中心的发射架上升空 73 秒后突然爆炸，价值 12 亿美元的航天飞机爆裂成碎片坠入大西洋，7 名机组人员全部遇难。镜头原本是记录航天飞机升空的壮举，却无意中记录并向全美国播放了震惊世界的巨大灾难现场。之后，CNN开始声名大振，扭转了自开播以来一直低迷不振的收视困境，也确立了在其美国电视媒体的一席之地。

无独有偶，始创于1996年2月的凤凰卫视在5年后遭遇了另一件震惊全球的恐怖事件：2001年9月11日上午8点45分许，两架被劫持的民航客机先后（时隔18分钟）撞击了美国纽约世贸大厦双子塔，纽约的地标性建筑成为一片废墟，3000多人遇难。凤凰卫视第一时间使用ROX公司的视频资料参与现场直播，成功实现了华语电视媒体唯一的36小时直播，由此奠定了凤凰卫视在华人受众里全新的媒体形象，也在一定程度上开启了中国电视新闻传播的全新格局。

2008年5月12日下午2时28分，四川省汶川县发生里氏8.0级地震。中央电视台在新闻频道的整点新闻中，以消息的形式播报了地震发生的消息，20分钟后，又打断了正常的节目播出顺序，推出了现场直播报道，以24小时不间断播出的方式，让全世界电视观众了解灾区的最新情况。紧随其后，全国各电视媒体也推出了汶川地震的现场直播报道。这次长达一个多月的直播报道，开创了中国电视媒体现场直播的几个第一。根据央视-索福瑞媒介研究有限公司提供的数据：仅2008年5月12日到18日，全国各级电视台共播出了1397小时的抗震救灾直播节目；有超过10亿的观众通过直播获得灾情信息；央视新闻频道5月13日的最高收视份额达到7.58%，创下了开播以来的历史最高值；有113个国家和地区的298家电视机构转播。

在这几起媒体大事件中，是什么因素在起决定作用呢？不是别的，正是影像所还原的现场真实。

研究者在总结电视传播功能特性时曾强调指出：在众多的电视传播方式和手段中，影像化的电视直播是最能突显其传播特性的，尤其在灾难性事件的记录和报道中，起到无可取代的作用——直观、生动、真实、时效。

据人类学研究，“图”一直是人类表意的最原始的符号，是先民们直觉化思维的印痕，是他们记录并交流生活的工具，是他们生命活动中真实体验的结果。文字不仅出现在“图”之后，而且其本身就是从“图”演化发展而来的，可见，直觉化的认知是人类社会发展的原始规律。

可以说，影像之于重大的、刺激的、突发的、现场无法复制的事件有着非常重要的意义。首先，从内容上说，其传播的信息事关重大，影响面广，非常容易使受众产生强烈的信息诉求和满足。其次，通过影像这样直观的电视语汇进行展现，信息能够及时、真实、生动、具体地传递给受众。受众就像自己亲临现场，对情境一目了然，因此深信不疑，并且受众十分容易因为影像的刺激而产生感慨、记忆、联想以及创意等信息互动，这正是信息传播中最理想的价值诉求。所以，无论从内容上还是形式上来说，影像对于电视传播都是无可取代的，尤其是对突发重大事件的传播效率更是无与伦比。

在9·11事件刚发生、媒体最开始转播报道时，我们看到的影像几乎都是非正常状态下非电视媒体人士所拍摄的。按常理，其影像质量似乎并不十分理想，但是，此时此刻，对于电视传播来说，真实的现场影像的重要性已经远远超过了所谓光线、清晰度、构图、色彩等画面技术指标。这充分说明了一点：电视语汇中，影像符号最大、最重要的功能就是还原真实现场。它以其强大而独特的方式记录、还原了事实，并带领受众见证了真实和历史。

影像的“再现真实”功能对媒体的传播地位和传播效应意义重大，在电视传播中，我们常使用监控记录、暗拍、偷拍或非专业人士的随机抓拍等“非正常拍摄”，正是影像“再现真实”这一强大功能的体现。

因此，我们理解了凤凰卫视“凤凰记者不是在现场，就是在去现场的路上”的经典口号，它将电视影像符号“现场”“真实”的信息特性推到了最大的高度。我们也理解了“视觉影像信息的外在刺激对于受众的影像感知具有重要意义”的深刻内涵。

2. 叙事表意

学者张君昌对于影像的另一个特点做了如下阐述：“影像是反映客观现实的重要手段，要运用影像恰当地表达编导想要表达的内容，特别是表达关键内容、重要内容和特别内容，影像要尽可能多地传递信息和努力加大依靠画面传递信息的概念。”把这段话放置在电视传播的语境之下我们有了全新的理解：所谓电视影像摄制的许多技巧，即推、拉、摇、移的景别变化，静止或运动拍摄，光影变化以及画面剪辑的技巧只有一个标准和目的——正确表达编导需要表达的信息，用一句行内常用的话就是“用镜头说话”。

下面我们来看看影像的信息叙事表意特征。

在分析影像的信息特征时，我们将其分成两个阶段，一是影像的获取即拍摄阶段，二是影像的处理即编辑阶段。正是因为影像的叙事表意特征，我们在前期摄取时应该按照创作者事先想表达的内容（信息）来选择相应的手段、方法和技巧来拍摄相应的影像；之后，还是根据创作者想表达的内容（信息）来选择相应的手段方法来调整、强化相应的影像表达，直至最大限度地实现编辑的表意目的并尽可能地实现信息的有效传播。我们很多人都知道，有一种“无剪辑”拍摄法，实际上就是实现了两个阶段完美结合的较高境界的影像表达，但在大多时候，在大多电视传播形态中，这种境界是难于实现的，这也正是电视传播客观存在许多而且需要更多更丰富表现语汇的最好的旁证。

（1）影像表意前期阶段：拍摄获取。

①静止拍摄影像：摄像机单角度、单景别静止不动、稳定拍摄的影像。

影像类别	信息表征
远景	强调展示巨大空间信息 交代地点和环境信息
全景	表现事物全貌信息 展示主体全部动作信息 交代主体与环境的关系信息
中景	表现主体之间的交流信息
近景	展示主体肢体、面部表情、情绪变化信息
特写	突出主体的细节或独特视角信息

②运动拍摄影像：在拍摄中通过机位、焦距、光轴的运动变化，对主体视点、场景空间、画面构图等多种组合信息予以表现。

影像类别	信息表征
推镜头	相当于人们向主体走近看 突出重要视点信息 强化主体特征信息 揭示主体与重要视点的关系信息
拉镜头	相当于人们边看边离开主体 表现主体与周围环境的关系信息 展示空间关系信息
摇镜头	相当于人们从一个方向向另一个方向转移视点 展示多主体的关系信息 展示主体与环境关系的信息 大面积介绍主体全面信息
旋转镜头	相当于人们围绕一个主体 360 度观看 展示主体全角度面貌信息 展示主体随旋转时间变化而发生的变化信息
跟拍	摄像机通过跟随主体拍摄突出表现主体的运动状态和周围环境的变化信息
移镜头	通过影像主体从一个转换到另一个的变化，可以展现两者之间关系的信息，包括互动、交流、同异、统一、对立等
焦点移动	短景深聚焦从一个主体移到另外的主体，可以表现两者的相互关联和对比

以上这些拍摄手法，使我们可以获得我们想要获得的影像素材，更重要的是依照我们的传播意图捕捉到有利于我们高效传播的各类画面信息。比如我们想表达一个人在孤独中默默地哭泣的信息：可以先拍一个无人的大面积场地的远景，人物在其中是个小点；接下来推近到中景拍他抽搐的背影；然后是近景拍他双手蒙住脸，肩膀不停地颤抖；最后是特写，拍从手指缝中流出的泪滴……

这只是一段影像叙事的一个极其普通的拍法，如果要有感情渲染和情节交代等信息内容，也许需要加进更多的影像语汇。通过这个例子我们可以说明影像获取阶段正是影像叙事表意（或者说传播）的开始和基础。这也是为什么较高端的电视产品，如纪录片、专题片或者电视剧都需要前期的拍摄脚本的缘故。

（2）影像表意后期阶段：影像编辑。

在这个阶段，我们进一步根据作者想表达信息的要求，通过电子科技手段，对大量的影像素材（可以是在同一时空或者不同的时空拍摄的更多的相关影像画面）进行选择、处理和组接，最终使之成为一个能传达创作者意图的影像符号或符号组团。

所谓影像编辑（剪辑），“就是用镜头塑造一种流畅的叙事表意构架”，也就是“镜头叙事”。影像编辑不仅仅是简单地把单独的片段连接起来的技术，也不一定是按照某种单个的逻辑顺序将片段连接起来，使之清楚地表现电视传播内容的叙事性手段；影视编辑具有一定的创造性，它特别表现在能使受众感受到影像里看不到的东西，能把联想线索暗示给受众，传达深刻的思想，以激起受众更多的信息诉求、情感诉求和情感互动。

在实现影像的表意功能时，叙事“逻辑”具有决定性作用，它具体可分为：按照事态发展的客观规律的逻辑；按照时间顺序的逻辑；按照事物空间变化的逻辑；按照事物发展的因果逻辑。同时，我们在影像表现中最常用的还有蒙太奇和长镜头，它们共同构成了特殊的影像符号叙事表述系统。

不同于我们日常生活中时间的概念，影视时间有着灵活、自由、主观的特性，蒙太奇剪辑通过一系列如延长、倒转、倒叙、对未来时间的想象、无序时间、时间停滞、压缩时间、加速、慢速等丰富的处理创造了全新的时间，并通过全新的时间系统展现无与伦比的信息魅力。

比如，迈克尔·杰克逊为环保制作的 MTV《Earth Song》中，开头讲述自然遭到破坏的现状：树木被砍伐、动物被杀戮、人们饱受战争创伤……高潮部分飓风过后，利用“倒转”“加速”的剪辑方法，戏剧性地使树木复活、大象重生、坦克推出城市、被枪杀的人们重新苏醒……通过这一段倒转，把人们内心纯洁美好的愿望表露无遗，不仅富有深度，而且提升了 MTV 作品的精神内涵和感染力。

影视空间同样也是对广阔现实世界的选择与省略，它打破了人眼正常视觉区域范围的限制，根据创作者的表现意图分割成不同的视点、景别的局部空间，通过对这种局部空间的重组，与整体的现实空间联系起来，达到影像“再现空间”和“构成空间”的目的。同时，通过一系列影视空间的拓展方法，如情景再现、数字蓝屏技术、场内外连线、多架构空间和回忆性空间、想象空间等手段表现出创作者想要表达的信息。

随着央视 9 套纪录片频道的诞生，纪录片在我国开始进入电视传播的主阵地，我们可以从一系列纪录片中看到，在记录已经发生但是没有留下足够影像原始资料的事件时，我们大多通过空间再现取得了良好的传播效果。例如，大型纪录片《故宫》就充分利用了空间再现的手法。《故宫》打破了传统“人物专访＋文史资料”的表达方式，用大量的三维动画和真人演绎，重现历史。三维动画展现紫禁城建造过程的壮观场面，详解明清政务流程以及明代 14 万公里的驿站、驿道体系，全景再现明清皇帝登基大典盛况，展现了皇宫建筑的修缮流程和精彩的传统工艺等，这些再现时空的大胆运用使历史活灵活现地展示在受众面前，在保留纪实性特点的基础上大大加强了影像信息表达的艺术感染力。

不仅纪录片中如此，许多专题片、栏目等也时常大量运用电视剧中由演员情景再现的表演来达到还原史实情节的表现方式，让观者能形象具体地感受故事的跌宕起伏及人物的言行和心理。如果篇幅运用得当，这不失为一种处理和表现时空转换信息的独有的电视语汇。

二、主持人（出镜记者）互动形态

（一）主持人形态是最回归人类人际传播本质的大众传播语汇

众所周知，传播学是研究人类一切传播行为和传播过程发生、发展的规律，以及传播人与社会的关系的学问，它研究人类如何运用符号进行社会信息的交流。我们注意到，众多的电视传播语汇之中，有一个比较特殊的语汇，那就是主持人互动形态，它有别于用相关设备拍摄的影像，也区别于人们创作的音乐或大自然原有的一切声响，它随时可以出口成章取代文字字幕的表述。它既有视觉的内容，也可以听到其发出的声音，既可以静听它独自诉说，也可以享受它和其他人的互动所碰撞出的语言和思维信息火花。它传递的信息中包含着主持人的个性、文化功底、价值观及人格魅力等，是独具特色的视听结合的综合性电视语汇。在接下来的讨论中，我们直接把主持人互动语汇简称为主持人，这个概念跟我们通常所指的主持人岗位的从业者的意义有所不同，它是建立在传播学的视角上对主持人角色的信息功能的探索。

对于主持人在传播领域中的角色的研究，我们不能回避主持人角色的起源问题。据考证，在我国宋代，有些演艺活动中就出现了叫作“竹竿子”的某种特殊角色，演艺者出场时手拿一支“竹竿拂子”。“竹竿子”常由教坊里的参军色担任，因为他们善于表演参军戏（类似于今天的相声节目）并且口齿伶俐。在表演时他们最先上场致辞，表演结束再次上台，念诗一首，话别观众。其实这种角色发端于祭祀，他的前身就是祭祀主持人。而在欧美，主持人发端于20世纪中叶，他们在大众传播媒体中承载着新闻播报、天气播报、热线电话接听、智力竞赛节目司仪、音乐节目报幕还有媒体对社会现象进行评论、评述等职责，这与当今传媒发展之下的主持人更为接近。

不管是东方还是西方，我们可以看出，类似“主持人”的角色在这些社会交流活动中都起到了穿针引线的作用。无论是中国古代参与娱乐演艺的“竹竿子”还是欧美的大众传播节目主持人，他们实际上都属于人类社会传播活动的本质内容，只不过不像今天电视传播一样用摄影机、摄像机等拍摄的影像符号表意，也不是借助于书写的文字符号表意，更不是利用那7个神奇的音符表意。他们不是用人身之外的代码和符号，而仅是通过人自身的符号传播信息，包括他们的思想、语言、表情、动作、着装、气质、态度等，他们利用人体自身的相关符号来表现和传递信息。

事实也是如此，人际传播先于大众传播出现。作为主持人角色，尽管现在他们已经搭上了大众传播的信息列车，但是其基本的“传播符号”即自己的语言符号、肢体语言符号、面部表情符号等是没有变的。

主持人角色具有普通人际传播的亲和力，主持人在社会中有一定知名度和权威性，其拥有团体传播中相当的公信力，同时他借助于大众传播的手段，可以实现较强的信息扩散功能。由此我们可以肯定：主持人是最回归人际传播本质的传播语汇，其信息传播的方式是最容易让人接受的，其信息传播效率是独具优势的。

同时，“主持人”作为电视传播中独具特色的语汇，其信息功能的实现也是所有电视传播语汇中最为综合和复杂的。它不仅形式变化多样，其内容更是千差万别；它不仅跟“人际传播”的特性紧紧相连，同时大众传播的特性也为“主持人”语汇的传播插上了飞翔的翅膀。

当我们研究“主持人”语汇时，我们离不开与之共生的各种类型的主持人节目。因为无论主持人语汇的信息功能如何强大，它只是一种语汇而已，必须与其他语汇综合才能共同实现表意的目的。

有专家曾深入研究过相关主持人节目，将它们分成三大类别。

1. 大众传播与人际传播相融合的节目形态

主持人节目充满了对话，对话是人类最基本的交流形式和沟通途径，人与人之间进行语言交流时，通过口头语言、身体语言、面部表情传递信息，表达各自所思所想，从而寻求信息的互动和共鸣。

主持人节目是一种面对面的传播，我们在当今电视传播中经常看到的访谈类节目就保留了这种人与人之间直接交流的传播形式。值得注意的是，主持人节目区别于人们日常生活中漫无目的的闲谈或者个体之间的观点辩论，节目中的主持人（语汇）是“有意识”地运用这种交流形式（通过与嘉宾对话）实现节目制作者表意的目的，或者说实现信息把关人过滤过的信息的传播。要实现节目的传播诉求，离不开主持人对于话题、角度、深度、时长等内容的有意识的引导控制，我们在探讨节目主持人的技巧时，通常会把主持人对于谈话的把控看成一种必要技巧的原因。

2. 大众传播与群体互动相融合的节目形态

有“共同目标”和以“我们”意识为代表的任何一个群体具有互动机制和使用共同性得到保障的机制，群体与成员、成员与成员之间传播的形式就叫“群体传播”，当今电视传播已经将这种传播形式广泛运用。如我们常看到的话题性群体互动节目凤凰卫视的著名栏目《一虎一席谈》，专题性互动节目中央电视台的

《健康驿站》，娱乐、竞技互动节目江苏卫视的《一站到底》等，其中，“主持人”时而与单个嘉宾交流，时而与现场受众互动，形成了丰富的个性特征的信息，同时也实现了群体共同信息间的交流和传播，从而达成了编导关于节目内容、主题的信息传播或娱乐互动的目的。

3. 大众传播、群体互动和人际交流相融合的节目形态

近几年，电视传播中出现了更多新颖的传播形式，它不仅运用演播现场进行互动信息传播，而且广泛运用视频连线、音频连线、网络互动等拓展空间的信息与场内信息实现互动传播，增加了节目的信息量以及信息来源的广度、深度、可信度，满足了受众更大的信息诉求，增强了节目的信息流和传播效率。

目前，我国对主持人的定义是：传播者在节目中以主持“人”身份出现，在节目中具有内容和方式的驾驭能力，以谈话方式为主要语言表达方式，具有直接的话语交流情态。虽然我们在实际操作时常将“主持人”语汇与其他语汇进行整合传播，但是，“主持人”语汇显然已经具备明显的信息特征，即人际（互动）交流、支配交流、个性交流。

比如，目前在国内电视传播中比较优秀的谈话节目《鲁豫有约》，因为主持人的知性、温婉、亲切的个性和随意、率真的主持风格，使主持人在和许多嘉宾、现场观众在一起互动时，呈现出了和谐、自然、信任、友好的信息传播场，节目信息得到十分有效的传播，这也是该节目一直收视看好的内在原因。

全国电视媒体中这样的谈话节目实在不胜枚举，但是为什么有的受欢迎，而有的却抓不住观众？主持人互动语汇运用的好坏

是一个原因。主持人语汇互动的千差万别，使互动的结果充满了不可预期性。

曾经风靡一时的相亲、求职节目，其互动的方式是一对一的主持人与嘉宾互动，几对一的评论员与嘉宾互动，几对几的嘉宾互动，主持人、评论员共同与嘉宾互动，再加上场内与场外的互动，这些随机穿插的多层次互动是充满变化和不可预知性的，谁也不知道下一秒会从谁的嘴里抛出一个有新意的焦点、兴趣点或兴奋点。尽管主持人在此时仍主要扮演着支配谈话的角色，但在规定话题和导向的基础上，具体怎样遣词造句是没有人能够控制的。因为互动而产生的信息的爆发性、新颖性、变化性、不可预知性，成为信息传播中除真实性以外的最大魅力。

（二）主持人语汇的信息表意手段和信息特征

1. 人际交流

在现实生活中，人们对于交流方式有不同程度的要求。例如在科技不发达的时代，人们借助于烽火、锣鼓传递信息，后来人们写信、打电话、致函、公告，现在科技帮助人们有了更多的信息传播方式：网络、短信、QQ、微信、微博……然而，这些都是人们间接交流信息的形式，其实人类最直接、最有效、最容易形成信息互动的方式只有一个——面对面的人际传播。

首先，人际传播是真实的。现代社会，随着科技为传播所应用，出现了越来越多的信息诈骗案例，当你收到一条短信，接到一个电话，或被人托个口信，你的第一反应恐怕会是“这是真的吗”。而与你所认识的人面对面交流就是另外一回事。你至少看见了他本人，话是从这个人嘴里说出来的，他那些可信或者值得怀疑的动作和表情是你亲眼所见。依据这些，你可以进行判断，你若相信便做出同意的反应或怀疑便做出不同意的反应。这就如同影像符号对于受众“眼见为实”的意义是一样的。“信任”在信息传播上是个至关重要的词语，一切交流和互动都是建立在互相信任的基础上的。所以“主持人”语汇所具备的这一特点，为信息的传播奠定了信任的基础。其实从传播的角度说，主持人只是一种传播语汇，但如果这种“语汇”再加上这个人的人格魅力、学识水平，以及专业素养带来的权威性、道德品质带来的社会声誉和睿智的交流技巧凸显的专业性，这对主持人语汇来说就等于锦上添花。这也是为什么有的主持人受欢迎，节目收视率高的原因。

这里我们有一个典型的例子，尽管它并不是来自电视传播领域，但因为实在是充满说服力，所以在此引用。

1981 年元旦，中央人民广播电台面向台湾地区开办了一档全新形式的节目《空中之友》，这也是我国首次出现的主持人节目。在一期节目中，主持人徐曼说：

亲爱的台湾同胞，您好！我是徐曼，感谢您收听我主持的《空中之友》节目。

现在，我不知道听众朋友当中有没有那位给我写信的台湾中学生呢？4 月底我收到了一封没有署名的听众来信，只是在读完了这封信之后，我才知道，写信的是一位中学生，在台湾一所很有名气的中学读书，今年只有十几岁……

给我来信的这位小妹妹：看了你的信后，我想了好多，脑子里一会儿出现许多台湾中学生单纯稚气的笑脸，并猜测你的模样，一会儿呢，又想起我十几岁的时候在中学读书的情境，那是一段多么愉快的时光啊……

这个节目开播的20多天里，收到了大量辗转寄来的台湾来信，来信之多是对台开办广播节目以来十几年所没有的。权威人士分析这一现象时指出：主持人的引题使听众觉得是在与朋友谈话，主持人制造了一种最容易形成互动的和谐氛围。电视主持人更是如此，他除了具有声音符号以外，更有其他看得见的个人的传播符号，应该说相对于广播节目主持人而言，电视节目主持人的角色能够使用的传播符号更多，同样的信息无疑在后者的传播下更具效率。因此我们可以得出这样的结论：主持人在电视传播中的作用是建立一种受众之间的人际交流和信息互动，其真实感、亲切感、对象感使受众容易产生信息诉求和兴趣，可以很快就融入到与主持人的传播互动中。

2. 个性交流

这里我们所说的个性交流是在电视传播的语境之下，主持人代表媒体信息把关人进行的交流。既然是人与人之间的交流，而人都是有个体特性的，那么他们之间的交流（或传播）也就不可避免地打上了个体的烙印。

美国著名的历史学家丹尼尔·布尔斯廷曾说过："具体的个人形象的说教对人心有更大的影响力。"后人在他的启发下，提出了"主持人即讯息"这一观点。

主持人除了作为个体所拥有的形象、气质、表情、衣着等外在个性特色以外，他的人生观、价值观、伦理观、语言风格、沟通习惯等内在的个性也和他自身一起融入了信息传播中。

在主持人研究领域里，主持人个性是个重要的话题，研究者普遍认为：只有当主持人的个性定位、内涵定位、形象定位、风格定位与其所主持的节目的内容定位足够吻合时，节目才能具备良好的传播效率。也就是说，在电视传播中，恰当运用好自己的主持技巧又充分展现个性魅力，同时较好地表达了栏目策划者意图的主持人才算一个称职的主持人。

由此，以下的一系列问题我们也有了答案。

同样是中央电视台的节目，为什么《新闻联播》的主持人会表现得严肃和庄重，而《我要上春晚》的主持人会比较轻松随意？凤凰卫视的《军事观察》主持人为什么身着迷彩服、语速像是放机关枪，仿佛“战争就要来临”，而《凤凰完全时尚》的主持人则经常身着晚礼服一派优雅时尚？

既然主持人即是信息，那我们完全可以从信息传播内容、信息传播环境、信息传播受众、信息转播目标以及信息传播语汇整合等方向来重新探讨主持人语汇的传播技巧。

1973 年由美国颇具权威的奥利弗·奎利协会所组织的一项调查显示：CBS 公司的著名节目主持人沃尔特·克朗凯特被评为“美国最值得信任的人”和“最值得信赖的公众人物”，他的公信力超过了当时的美国总统和副总统。事实也证明：沃尔特·克朗凯特所主持的名牌节目《60 分钟》在媒体界存在了数十年之久，作为一档电视节目展现了其超乎寻常的生命力。沃尔特·克朗凯特不仅仅是一个普通的媒体从业者，他几乎是当时美国社会真相和正义的代言人。这一切跟他作为主持人符号的个性化信息密不可分。

3. 支配交流

我们常见的“晚会主持”“婚礼主持”“会议主持”等各类仪式主持角色，他们既不是活动的出资人也不是活动的策划者，仅仅是活动信息发布的执行人。电视传播领域的主持人作为传播语汇的一种特殊形式，与上述主持人并没有多大区别，同样只是“传播”这一环节的执行者。媒体机构依靠内部一系列的管理机制，通过记者、编辑、策划人、制片人、监制等团队来共同把控传播的内容和导向，“主持人中心制”的模式略有不同，但归根结底还是需要通过层层审核来监控。正如央视某位著名主持人所说：我们作为主持人从来都不是代表自己讲话。

既然如此，主持人是代表谁在说话？这也是我们探讨“支配交流”的核心。

媒体是信息的把关人和过滤器，在信息传播之前就明确规定了相关的尺度和目的：是传播新闻事件还是传授各类知识？是传达商业信息还是传递娱乐互动？这么多不同内容和传播目的的信息需要以什么形态传播更为有效？在主持人符号参与的节目形态中，主持人正好承担着这个环节的信息传播的支配作用。比如，在播报一档本土新闻时，你是用方言还是普通话？在报道一个爆炸事故时，你是在现场边走边说还是站在记者传回来的视频前说？在需要展现采访对象内心深处的真实想法时，你是提前打断还是耐心等待？在不断提问得不到最满意的答案时，你是放弃还是穷追不舍？……

这一切其实都关乎系统科学的主持人专业技巧，而所有技巧围绕的中心其实只有一个：这个环节的信息传播支配，即主持人如何通过一系列技巧的运用达到“使信息通晓、通达、通畅”传播的目的。

曾经有人对于当年红极一时的主持人倪萍的主持风格提出异议，认为她过于煽情，并质疑她是不是因为演员出身而习惯性地在电视节目中表演。其实，站在电视传播的角度，只要是有利于编导信息传播的一切手段都是被允许的，不管是原本就有的悲天悯人性格特质的体现，还是作为演员熟练的表演功底的展示。事实也证明，那些年倪萍主持的节目感动了无数受众，在她独特方式的支配传播下，信息取得了可喜的传播效果。

4. *互动交流*

随着电视传播的不断发展，互动交流已经展现出越来越广阔的天地。过去“人”作为电视传播节目内容的一部分比较多地担任播报的角色，显然播报属于单向的传播，你说，受众听。如今的电视传播给信息的传播者和受众提供了更多的机会，主持人主导的访谈节目是一个最明显而有效的传播方式——双向的互动交流。这也是电视传播众多信息符号中十分重要的一个互动符号。

我们来品读一下中央电视台崔永远主持的《实话实说》栏目中《为什么吸烟》这一期节目。

崔永元（主持人，以下简称“崔”）：……侯耀文，我问您，您也是因为饿才学会抽烟的么？

侯耀文（嘉宾，以下简称“侯”）：我不是，我是别人勾引我抽烟的。（笑声）因为参加工作以后有比我年纪大的人，他们抽烟，抽了以后让我“来一根”。“不会，不会。”“你瞧你，尝尝，不抽你就把它扔了。”后来我就尝了。尝了以后就跟人要啊，他就给我。（笑声）

崔：跟人要的时候是什么感觉？

侯：要的时候理直气壮的。（笑声）因为是你教我抽的，你不给我行么？所以当时我要他就给。可后来他也负担不起了，我就自己买一盒呐，大约能抽一个星期。后来慢慢的改成四天一盒、三天一盒、两天一盒，现在基本上一天不到一盒。

崔：这一天不到一盒烟还是保留着最初那种要烟的方式么？

侯：不是，自己买吧。

崔：已经亲自买了？

侯：现在知道寒碜了，长大了。（笑声）

崔：那么您吸烟这事，后来先生（侯宝林）他知道么？

侯：知道。

崔：他是怎么表现的？

侯：他自个儿也抽，所以他不说我。（笑声）

崔：啊，他自己抽就没办法说你了。

侯：因为他抽得太凶了。他很年轻的时候，牙就全部都是黑的，所以他有一个最大的特点：他说相声的时候，你一看他的牙，就是黑的，抽烟抽的。

崔：您有没有跟他探讨过吸烟的什么问题？

侯：我们家从来没有探讨过什么问题。

崔：从来不探讨问题？

侯：只有受教育，他说我听，没有探讨的机会。

崔：唉，您吸烟的时候敢主动扔给他一支么？

侯：后期敢了。（笑声）后期他年纪大了，我也成年了……

这段饶有趣味的访谈虽然只是主持人和嘉宾两人之间的互动，信息源并不多，但是我们看到了有6处笑声，笑声说明互动的第三方——现场观众被谈话的信息交流打动并有了直接的反应：笑。

另外我们可以看到这段内容的问题和回答似乎并不是朝着我们的预想方向走："您也是因为饿才学会抽烟的么?""我不是，我是别人勾引我抽烟的。""他是怎么表现的?""他自个儿也抽，所以他不说我。""您有没有跟他探讨过吸烟的什么问题?""我们家从来没有探讨过什么问题。"这不可预料的开放式一问一答里包含了许多这个相声家庭里关于抽烟的独特的信息，同时因为主持人和嘉宾都有着较强的语言表达能力，更使这段对话信息既出乎预料又含蕴丰厚，而这样的互动正是建立在访谈节目这种信息传播形态之上的，只有谈话双方在面对面沟通时，才能激发双方的互动达到和谐而又充满魅力的层面。可以说这种碰撞出的不可预知的信息就像智慧和语言碰撞的火花，璀璨绽放，稍瞬即逝，包含着无尽的创造力和外延，这正是信息最宝贵、最吸引人的因素，也是主持人访谈节目之所以充满魅力的秘密所在。

目前荧屏上还有一类主持人互动节目——主持人脱口秀，比如《一周立波秀》《金星秀》《小崔说立波秀》等，这类节目尽管绝大多数时间是主持人一个人说，但是，我们仍然可以注意到节目里有其他角色的参与、台下观众的参与、网络互动的参与……只不过脱口秀节目的运作更是对策划人和主持人的严峻考验。

值得一提的是，目前这种互动已经不再局限于面对面的谈话，主持人在和现场嘉宾互动的同时也可以和场内的观众互动，还可以同时和另外一个时空的声音、图像、短信、微博等进行互动，这都是互动造就的全新的混合信息流，显示了互动交流的强大的拓展空间。

另外我们经常看到节目中穿插有现场同期声，这其实也是互动产生的有着特殊使用功能的传播符号，只不过与整段的互动交流相比，它们只是截取的片段，虽然经常具有提纲挈领、直指要害的功能，但是必须与其他电视语汇配合，如视频、音频等，才能显得完整流畅。

总之，无论是个性交流、支配交流还是互动交流，都给主持人符号的表意制造了极大的空间。因此可以说，主持人互动语汇显然是所有传播语汇中最活跃、最综合、最便捷高效的传播语汇。

三、影视文字

这里的“文字”不是我们普通意义上的文字，影视文字是电视传播中出现在视频系统字幕或音频系统中被播音员朗读出来的文字的总称。

视频文字顾名思义就是在画面上出现的文字。比如，在各种影视视频中出现的信息关键性文字，即所谓“关键词”；在影视剧和访谈中展示对话内容的字幕；在宣传片、广告片中出现的

LOGO或图标中带有的文字；在视频画面转场时单独使用的说明性文字；在屏幕下方及时滚动的信息文字。这些文字具有说明、指示、提醒的作用，可以交代时间、地点、方向、人物身份、名称、数据、原因、背景、结果、程序等，它往往可以更加简洁、扼要、明确地补充说明和描绘画面的意义，甚至起到画龙点睛的作用。这些文字最适宜在画面存有局限和镜头说服力欠缺时使用。

文字类别	信息特征	使用特征
在各种视频中出现的信息关键性文字，即所谓"关键词"	简单、突出、明了	关键性提示，提供分辨、对比
视频画面转场时单独使用的说明性文字	说明时间、地点、数量等信息	交代情节、背景，强调重要信息
在影视剧和访谈中展示对话内容的字幕	明晰	补充，便于信息传达
在宣传片、广告片中出现的LOGO或图标中带有的文字	明确、整体记忆	完整性，强化记忆
及时滚动的信息文字	视频资源再利用	拓展信息传播空间，实现互动

影视文字是一种特殊的复合形态的文字，它通过播音员配音把文字变成了有声语言，同时大多数时候被作为突出信息或补充信息而出现在屏幕上，或全文呈现，或截取关键词语。目前，电视新闻节目、电视纪录片、电视专题片已经将这类文字实现了普

遍运用。它们在电视传播中的功能主要体现在两个方面。

（1）视听结合的信息特征——有声文字。

在电视传播中，原本影像和声音才是最恰当和最生动的表现语汇，但是，当文字被技艺高超的朗读学、播音学纯熟表现之后，就成为视觉领域里最富内涵和张力的全新符号。根据传播心理学统计：阅读文字能记住10%，收听语音能记住20%，而在观看画面的同时受众的记忆力突飞猛进，可以达到50%。这说明文字通过与“视听”结合，两个渠道互相补充传播同一个信息，对传播的信息可以起到双重强化，从而双重加深受众记忆的作用。

（2）强化文字符号的信息作用——放大细节、补充情节、深化主题。

一般情况下，人们通过视频画面来了解的信息虽然直观、简洁、快速，但却容易流于表面，而文字信息刚好可以弥补这一缺陷。尽管现代科技手段为人们在视频影像表意方面带来了许多便利，如各种手段的情景再现，但是在某些情况下，视频画面符号仍无法达到完美表意的程度，尤其是对一些抽象的信息、复杂的逻辑、已逝的场景、假设的想法、梦中的意念等都难以表达。此时，文字就成了最佳选择。并且，描景、状物、叙说、抒情、逻辑、辩理等是文字的专长，如果作为与画面同步的音频信息进行互补传播，传播信息的交流感、抵达度、说服力、思想性将得到空前的提升。

下面这个例子可以说明文字符号与影像符号整合后对表达的意义。

这是一个10秒钟的画面：某派出所门口，两个人先后跑出来，后面一人明显是在追前面一人，他一边追一遍喊。画面结束。你是否理解了它要表达的意思呢？我们一般人的想法是警察在抓小偷，可是事实也许是警察想追回做好事不留名的英雄。这个时候，需要的就是对情节起说明性作用的文字。

当然，对于目前我们常见的不同的电视传播节目形态，影像和文字整合表现时的比重是不尽相同的，我们要根据传播形态的具体需要来确定。

四、影视三维动画

影视三维动画是随着电子技术发展而产生的实用技术，也是目前被广泛使用于广告片、宣传片、纪录片、专题片、电视剧以及电视视频包装的信息语汇。它的特殊性在于，它不同于单纯的影像艺术、语言艺术、文字艺术、音乐艺术等，它从一开始就是一门整合了多学科的艺术的综合符号，涉及平面设计、绘画、数字技术等，所以它既具有直观的视觉优势，同时也具有这些整合技术的优势和表现力。可以说，当普通的影像符号、主持人语言符号、有声文字符号、音乐符号等无法表意时，影视三维动画正好填补了这个空白。

传播形态	作用	信息特征
广告片	虚拟现场、特技编辑	强化
宣传片	渲染	强化
纪录片、专题片	空间再现、情景再现	补充缺失
电视剧	虚拟情境	情节叙事
视频包装	设计影像	呈现设计信息

除此以外，随着电视传播的不断发展，影视三维动画语汇正在进一步渗透到电视化表现的许多方面。比如我们拥有专门的少儿动画片栏目，这是典型的受众分群的电视产品，它是过去我们熟知的漫画图书的电视化产品。因为符合人们形象直观、表现生动、轻松幽默又充满无尽想象力的精神诉求，这一产品一直以来都拥有十分广泛的受众群体，成为一种别具一格的电视传播形态。我们在电视传播中也看到过很多其他类型的节目：如电视相声，使许多过去只留下音频信号的优秀相声节目再现于电视传播，展现其独到的艺术魅力；如动漫小品，这也是一种利用三维动画对经典的影视表演作品进行全新表现的节目形态，与原来直观、生动的真人表演相比，更具夸张、强调、幽默的传播特征，不失为一种另辟蹊径的好形式；还有音乐电视，三维动画使得它区别于拍摄影像制作的 MTV 而给人留下深刻的印象。

在现在的新闻节目、专题节目中我们也可以看到用动画形式展现的场景。比如 2012 年 8 月 14 日重庆警方在小巷中击毙了全国通缉的持枪抢劫犯周克华，因为没有任何对当时击毙现场的影像记录，中央台在报道这条新闻时，用动画展现了两名警察与周克华展开火并的场景，两位警察深陷危机、勇敢无畏，而周克华却负隅顽抗、凶狠残忍，最终警官眼疾手快将罪犯一枪致命，其观察的视角、力度，战斗激烈的程度和戛然而止的情境在屏幕上一目了然，十分具体、逼真地传播了这起当时全社会关注的事件的关键信息。当然，新闻中使用三维动画严格要求在还原事实的基础上提炼制作，所以三维动画不但不会削弱信息的真实性，反而会增加信息的确定程度并使之形象直观地表达，从而很好地实现信息传播功能。

我们经常在新闻评论节目中看到漫画形式的出现，有专家就这类现象做过深入研究，他们将其称为“形象化”的评论。这种漫画区别于影像语汇现实性的视觉符号，它是一种示意性的符号，它不直接来源于客观事物，也不侧重表现客观的事物，而是表现传播者对于事物的认识、观点、看法等。过去，这样的漫画新闻在印刷媒介中常常出现并颇具传播效率；现在，已经通过电视 3D 技术被电视传播广泛运用，成为新型的电视化传播语汇。

五、音乐音响符号

电视传播中的音频符号除了有声语言（说话声音）和有声文字（朗读、配音的声音）外，其他的音频符号我们可以统称为音乐音响符号（包括自然界的环境声音）。音乐最初来自大自然物体震动所发出的声音，当人们以某种方式把这些声音组织在一起来反映生活、表达人们的情感的时候，它就有了旋律、力度、速度、音色、节奏、和声、复调等一整套运行传播规律。

在电视传播中，我们发现音乐音响符号的使用并没有严格的清规戒律，在纪录片、专题片、广告片、宣传片和视频包装中大量的背景音乐音响符号是我们习以为常的；娱乐节目更是名正言顺地充分展示、展现着音乐艺术的魅力；电视剧中为了刻画人物内心世界、烘托气氛、展示场景、铺垫情节等拥有一套与电影配乐一样指导实践的理论；在其他形态的节目中，音乐音响符号同样在突出主题、增强感染、强化节奏等方面起到十分重要的作用。可见音乐音响在不同形态的电视传播中具有不可替代的作用。

一般情况下，我们认为音乐音响只存在于艺术的范畴，电视传播中唯独新闻节目可以远离音乐音响。随着电视传播观念的变化发展，目前越来越多的电视传播中音乐音响符号正在开拓性地被使用，并且已经展现出它独有的表现力。

“2012 年感动中国人物专题”似乎向我们吹出了一阵清新之风，也许是一直以来新闻节目的刻板面孔已经使其在媒体竞争的浪潮中逐渐失去市场，也许是创作者希望在电视化表现中尝试有益的探索，总之我们在荧屏上终于看到了这样的人物新闻专题，下面是它的开头片段配音、现场同期声、音乐、音响的运用情况。

顺序	音频语汇		视频语汇
1	主持人	2012 年 5 月，一位年轻女教师的名字传遍了中国，她叫作张丽莉……笑容美好而坚定，从前如此，在事故发生后更是如此。她称呼学生们为“宝贝儿们”，而在学生们的心目中，她是什么样的呢？让我们一起去走进学生们心中的张丽莉老师	
2	现场同期声	张丽莉：来，到前面来，把你最美好的歌声传递给大家……（笑声）	教室空镜头
3	现场声	一名学生在她的鼓励下唱起了歌	学校走廊
4	音乐	接学生的歌声插入一首校园音乐为背景	学校走廊里川流不息的学生

续表

顺序	音频语汇		视频语汇
5	有声文字（配音），音乐伴随	对于这些即将参加中考的孩子们来说，这是他们一天中最令人盼望的时刻	
6	现场同期声，音乐伴随	学生：每一天都盼望晚自习快点来吧	学生甲
7	有声文字（配音），音乐伴随	孩子们等待的人叫张丽莉，是这个毕业班的班主任，在中考来临前的100天里，她每晚在晚自习的最后5分钟，都会在班上找两个同学站在讲台上唱歌，让全班的同学向他们报以掌声。这是一个全年级排名靠后的班级，在中考来临的日子里，这些孩子被看作是没有希望的考生，而在这样的时刻，他们收获了人生中最多的掌声和尖叫	空旷教室中的镜头
8	现场同期声，音乐伴随	学生：张老师告诉我们学习成绩不是衡量一个人最高的标准，她爱我们每一个人，她说我们每个人心中都有一个小太阳	
9	配音，音乐伴随	这些学生内心的光源来自一个21岁的女教师	
10	现场同期声	学生：她很爱美 学生：她很漂亮 学生：比较潮流 学生：喜欢穿高跟鞋 学生：要把我们老师当成偶像 学生：在门口听到她的高跟鞋跟声我们就知道，老师来了，老师来了	

续表

顺序	音频语汇		视频语汇
11	配音，学生的读书声伴随	五月的晚上，学生还在等待着走廊里熟悉的脚步声……	学生在课堂上学习
12	音响（汽车强大的刹车声）		镜头突然虚化

你在观看这段影像时，也许会惊叹：怎么可以把一个英雄的故事说得那么温情和跌宕？这其中一定有音乐音响的功劳，音乐音响控制了我们接受信息的注意力。直接对事件情节的描述我们看得太多，这条新闻在当天《新闻联播》栏目里播放时完全是另外一种表述，而今天在这个颁奖典礼上，在这段介绍人物的新闻专题里，音乐音响符号得到了充分运用，在这些信息符号与记者深入采访的全新新闻信息的整合传播之下，我们顿时觉得故事别有洞天。引人入胜，发人深省。

六、互动

传播学告诉我们，信息传播的最终目的是通过信息的有效传播达到信息的最大互动。这是信息传播的双向性原理所决定的传播的实质。在电视传播中，无论是哪种传播契约关系，都包含着不同程度和形式的互动。

（1）在信息传播关系中，一方负责报告信息，另一方接受、理解信息，并且诉求验证信息的真实性，一旦对信息信以为真，他就会充当下一个传播的授予方。以此延续下去，就形成了信息的传播链。

比如，笔者 1995 年参与报道的震惊全国的“湖北汉川骗卖骗买事件”就是一个典型的互动的例子，它的成功显示了在信息传播中媒体与受众互动、媒体与媒体互动的强大力量。

1995 年 5 月 18 日，中央电视台《新闻联播》报道了这样一则新闻：据观众举报，湖北武汉等各地存在围绕塑料滤网布买卖而起的多宗经济诈骗事件。但当时报道信息止于作案者已经逃之夭夭，就在第二天上午，湖南湘潭警方接到群众举报说发现类似作案者的行踪，并对其实行控制。于是笔者所在的湘潭电视台记者团队迅速前往现场，第一时间采访并核实了该犯罪嫌疑人与央视报道事件的内在联系，当天晚上，这条新闻在央视播出。之后的一个月里，我们的团队和中央电视台的团队密切配合，一方面深入案件的发源地湖北汉川挖根溯源，另一方面采集了因媒体对事件追踪报道而产生的更多案件线索和报道线索，将其整合后进行传播，最终使包括当地保护机构、案件犯罪集团以及相关法律漏洞在内的更深层次问题得到圆满解决。（该作品有幸成为央视新闻改革与地市台合作的优秀案例，名列 1995 年度中央电视台《晚间新闻》十大事件，被中国传媒大学列为教学案例）

（2）在娱乐关系中，一方负责制造刺激人欢笑、感动的信息，另一方则不必去辨别信息的真伪，只要求信息充满新鲜、欢笑、感动、惊险甚至是刺激和荒诞，并且随着传授方一起哭和笑或者付诸更多的行动。

（3）在传授关系中，一方系统地传播知识、经验，而另一方“像海绵一样吸收”，并且在学习的过程中提出自己的问题。传授方可能进一步研究所传授内容之后再进行深度的交流与传授。

（4）在劝说关系中，一方为了达到自己的目的，选择适合自己的论点，以自己认为的最佳方式包装，用令人愉快的容易接受的东西来吸引另一方，而另一方则依据自己被劝说的感染、感化程度而产生不同程度的思维和行为互动。

既然信息的双向互动在电视传播中具有如此强大的功能，在分析电视传播语汇时，我们实在很有必要对互动这一语汇做一定的阐释。

1. 互动语汇具有多样性

在第一节所罗列的电视化语汇系统中，如现场同期声、视频连线、音频连线和现场互动等，虽然其功能和形式各不相同，但它们都拥有互动信息的共同性，即记者（或主持人）与他人交流互动的产物。

我们在电视节目中常会运用新闻当事人的讲话作为同期声。如果是在事件现场，我们就叫它现场同期声；如果没有影像只有声音，那我们就叫它音频现场同期声；如果视频（或音频）的来源不在现场，而可以对现场信息起到补充、说明、旁证、延伸等作用，我们就叫它视频（或音频）连线；如果作为谈话背景出现，我们就把它放在现场的 LED 屏上同步播出。可见互动的实质是一样的，不同的只是形式，我们通过各种形式在时间、空间上对信息传播进行补充。发达的科技手段使互动语汇不断丰富和发展。比如，在过去的电视传播中只有单项的播出，现在在电视节目播出之前，时常会有节目的节目宣传片、报名招募宣传、预告片等，其目的是引起受众关注和参与互动；在节目播出中，则有主持人现场语言提示、短信互动提示、微博互动提示，从2013年1月1日开始，有的频道的屏幕上则开始出现二维码扫描互动提示……节目播出后，还有中奖提示、评选提示等，甚至于下一个节目与上一个节目互动、这一个频道与另一个频道互动，互动方式精彩纷呈。

2. 互动语汇的信息特征——变化、不可预知

互动语汇来源于信息的传授双方的随机反应，“通常情况下，参与者在交流中卷入的程度是不均衡的”，除去因为传播关系的不同而造成的传播参与程度不同之外，同一传播关系、同一交流主题、同一个节目、同一个故事的不同授受双方引起的互动传播效果也会绝然不同。

传播学有一个著名的“糕饼理论”：“糕饼要烤制，要拿到集市上去叫卖，同理，信息必须加工，要以符号的形式发送出去。顾客是否决定要购买、吃过后觉得是否喜欢、是否再次购买等，取决于两个条件：糕饼是否功夫到家，顾客是否天生就喜欢这个口味。”作为不同的双向传播个体，从信息的传播者角度说，依据个人的业务素质、价值体系、表达习惯等不同，同一个信息内容，不同的信息把关人制作的节目可能有一百种说法。而站在信息接收者的角度，每个人的个性、阅历、文化程度、理解能力、联想思维和当时的心理状态等个体因素千差万别，所以同样传播的一条信息是否引起他们的互动，其互动程度又如何，这是无法确定的。这就是实践和研究传播学的魅力，无限创新的思维、技

术和能力面对的是千差万别的受众和市场，信息传播的效率尽管受到各种外部环境的影响，但是，我们正在寻找有效的传播技巧和规律。

传播学对这一特点的解读非常深刻："传播过程看起来就像教练调教足球运动员，派球员去比赛，他却不能上场。将军的职能是训练和装备部队，送战士上战场，将军却不能去扛枪……传播尽其所能调动他们的谋略和技能，但是他们对（信息）符号的作用到此为止。一旦发出，符号就有了独立的存在，其效果如何，传播者无法控制了。"当然，看到比赛战绩不如所愿，教练可以再派新的队员上场，或者在下次的比赛中一开始就调整战术等。同样，传播者可以从参与传播的受众那里得到信息，这种信息无论强弱都是互动，从互动反馈的信息中找到调整传播或加强传播的行动指南。这就是信息的"回流"，或者说"互动"。

在电视化传播信息语汇中，"互动"是其中一个最特殊的语汇，是传播者最愿意使用也最难以驾驭的语汇，它既是建立在其他语汇之上，又是现阶段大多数情况下与其他语汇整合运用最广泛的语汇。这种语汇被广泛运用到新闻信息的传播、知识的传授、娱乐的传播和商业信息的传播等各种电视传播形态中。

通过本章四个小节的阐述，我们重新梳理了一下电视媒体人手中的工作。我们想告诉大家一些有意思的东西，于是我们从自然和社会中搜罗信息原料，将这些信息原料输入我们的信息加工车间，运用这门综合技艺之中的各类专业技巧对其进行加工整理，目的就是能尽量快、尽量直接、尽量没有折扣地传递我们想要表达的意图，于是我们用一些“电视传播所特有的符号”进行明确表达、表现，这些符号中的每一个都是电视传播长期实践、探讨、形成的具有特殊意义和作用的符号，是受众熟悉、乐于接受并容易形成信息传播互动的符号体系。这个体系包括三类语汇：视频语汇、音频语汇和综合语汇，其各自都包含着不同传播特性和功能的符号，这个符号体系是“电视化”语汇的前提和基础。

第二章 电视化语汇的运用规律

第一节　电视传播符号（语汇）应用的核心目标——电视化表现

电视传播的使命是生产并传播信息，这是我们电视媒体从业者手头的主要工作。正如一位作家用丰富的文字及修辞手法表达自己的思想，一位摄影师用手中的镜头表达自己眼中的世界，一位舞蹈家用丰富多样的肢体语汇展现舞蹈之美，一位音乐家使用奇妙的音符抒发内心的细腻情感，电视传播也是一样，无论是媒体机构还是媒体从业者，他们都是“信息把关人”，他们的工作都是在用合适的电视语汇表达信息把关人想要表达的信息。这也就是我们即将探讨的“电视化表现”或“电视化”问题。

我们来看看文艺题材的电视传播。

2008 年有一场举世瞩目的电视传播盛事——2008 北京奥运会。其中最引人关注和充满期待的是由国际著名电影导演张艺谋执导的奥运会开幕式《相约北京》，准备了整整 3 年，开幕式给世界的印象是惊艳的，而张艺谋自己却说：“可能没有人知道我当时的心情，在开幕式当天，我非常沮丧，我觉得完了，搞砸了。”

众所周知，北京鸟巢——奥运会开幕式现场可以容纳 9.1 万人，电视机前有十几亿中国观众，可以说，其传播效果的好坏将直接影响开幕式的社会效果。因此，在创作阶段，张艺谋团队付出了很大的努力。因为张艺谋是电影导演，对用光、色彩、构图、主题等的要求可谓尽善尽美，如果按照他自己脑子里设计好的画面捕捉和呈现，这应该是一场精彩纷呈的视觉盛宴。但是，当负责境外转播的美国团队盛赞张导的专业水准，称国外观众对博大、繁盛、底蕴深厚的中华文化之美感到十分惊艳时，从我们国内观众中却传出了一片骂声，原因是什么？负责国内电视转播的是另一个团队，也许是因为前期没有对中华文化有充分了解，也许是没有事先与现场导演沟通，对导演意图不甚了解，也许是对电视呈现的专业技巧不够精通，总之，国内观众的呼吁都是："还我们一个真实的开幕式。"事实也是如此，有多少精彩的画面被切换导演错过，应该展示全景的用了特写，应该看到演员的却切换到了观众，升旗的时候看不到头顶的红旗，展现宏伟卷轴的时候却只有局部……一派乱糟糟的视觉景象，连场地正前方 LED 屏上那句"有朋自远方来，不亦乐乎"的主题字幕我们始终都没有在荧屏上看见过，再加上过多、音量过大的现场解说词淹没了场内或优美或恢弘或激昂的音乐，我们因此错过了那三个半小时令人惊艳的美。

这就是 2008 年发生在电视传播界的一件大事，一件关乎电视化表现的大事。它让我们意识到，即使现实场景非常有价值，如果电视化表现不到位，我们仍无法通过电视媒体传递给受众有效的信息。

以上是电视传播中两个较为典型的案例，虽然优劣有别，它们却共同说明了一个问题：在纷繁复杂的电视传播领域里，对于不同的电视传播内容，电视传播语汇运用是不尽相同的，而且对这些语汇运用的衡量标准也是各不相同的，我们须努力寻找其共同的内在规律，即电视化表现的规律，以此来指导我们的信息传播。

其实，众多电视机构每天在制作播出众多电视节目时，都会遇到“自己的想法”如何用电视化方式“表达”的问题，他们会思考：同样用声音和画面讲述一个故事，怎样才能更加吸引人？

近年来，关于电视表现或电视化的研究结果时有呈现。例如，有人在对电视新闻的电视化表达进行悉心研究后指出：一般情况下，电视新闻对复杂的电子编辑手段是排斥的，因为特技会使纪实性的新闻画面失去朴素的本来面目。但是一些简单的特技，对于电视新闻节目来说还是能够接受并且很有必要的。在进行新闻类节目的编辑时，记者或者编导要在懂得技术要求的基础上，对画面语言和有声语言进行艺术化处理，使客观公正的新闻报道更电视化地传达给观众。事实上，许多关于美国 9·11 事件的新闻报道中就运用了慢动作，甚至这些慢镜头还有不少进行了及时的回放，以展现飞机撞向美国世贸中心大厦的瞬间情景。这绝对不是过去真实还原影像的传播方式，因为在现实中，飞机在失事瞬间绝不会慢速飞行，画面也不可能逆时空回放。通过慢镜头，受众十分清晰地看到了当时事件发生的整个状态：飞机穿过塔楼的力度、速度、方向，塔楼经受撞击而倒塌的清晰过程。整个新闻无论视觉还是听觉都让受众充满震撼，这个场景相信会永远留在人们的记忆之中。

有人对体育节目的电视化表现也有自己的研究心得，他们认为将体育及其文化等内容制作为电视体育作品，如体育消息、体育评论、体育专题、体育竞赛现场直播或实况转播、体育纪录片等，把现实体育转化为电视媒体文本的过程就是体育的电视化。

（笔者探讨的并非此意义上的电视产业化，而是对电视传播技巧的电视化探索）

同样有人对交响乐的电视化表现、栏目的电视化表现，尤其是对大型晚会的电视化提出了自己的实践心得和理想。

比如2012年央视龙年春节联欢晚会，导演哈文认为其举办成功与电视化要素之一的舞台运用分不开。她总结："如果说360度呈现的舞台感觉给观众带来新意，可能是导演组更尊重电视传播规律，打造更符合电视化呈现的节目。就相当于一号演播厅是一个大演播室，摄像机位360度随时旋转变换，给观众呈现的信息和美当然是更丰富和生动的。"另外我们还看到，这场晚会首次启用了现场全息3D数字技术，不同于以往制作过程中添加的特技效果，这种特技是在晚会正在进行、现场观众不知情的情况下实施的，也就是说是在现场画面上适时添加的，场内观众作为节目内容元素或者背景，将特技直接添加在成型的画面上，只有坐在电视机前的观众才能看到，而这种精彩的特技叠加，无疑增加了最终传播出去的电视信息的吸引力和感召力。

2014年，湖南卫视打造的全新节目《花儿与少年》，为了全景展现7位参与人员在整个旅途中的全方位信息，拍摄团队不仅分别为每位成员提供全程跟拍，同时在所谓的隐私场景都设置了监控摄像头，先不说参与人员对此是否愿意接受和全时段监控给后期制作带来的巨大难度，从电视化表现角度来讲，这种捕捉信息的手段毫无疑问是符合电视节目电视化表达的强烈需求的。

从各种电视传播的实践中我们可以看出，尽管之前鲜有对电视化表现进行科学、系统的理论研究，但是，在不断丰富和发展的电视实践中，无论是媒体的传播理念、制片人的传播意识，还是电视采、编、播各岗位工作人员都在不断探索新型的电视表现语汇，他们也因此不约而同地提出了“电视化”这个恰如其分的概念。其实，这也是笔者沉下心来对此进行深入研究的充分前提。因为，电视化正在实践之中。

在电视传播不断发展的今天，电视传播所依赖的电子技术日新月异，我们有理由站在大众传播本质的角度来归纳、研究电视化表现的规律。这种规律的存在已经成为成功实践，它是电视艺术独特品质的呈现，它不但强化了这门艺术的独特性，而且在受众市场的检验下，这些规律的探索和实践已经为电视艺术带来了丰硕的信息传播回馈。

作为一门综合传播艺术，电视传播不是单单为了体现视听特色而存在，有时它甚至可能不以清晰美观、完整全面为目标，不以常见的画面逻辑、叙事逻辑为目标，不以单纯展现光影艺术效果为目标，但是，它始终以传播效率为终极目标。在不同类型的节目里，无论使用什么样的语汇或者对这些语汇进行什么样的组合，其标准都是要有利于信息传播，有利于吸引受众注意。电视传播的最终目的就是表现，表现，再表现，直至将需要传播的信息清晰明了、重点突出、打动人心地传播出来并抵达受众内心。

第二节　电视化表现的指挥棒
——传播关系

作为受众，我们在电视荧屏前观看过无数形态的节目，接受过无数类型的信息。有些节目我们喜欢看，很受感动并且希望按照信息的暗示采取行动。而有时，我们不以为然，马上换台。同样作为传播者，我们在工作中常常会面临“如何讲好一个故事，如何呈现一段精彩”的问题。有时我们有足够的素材，掌握了足够的信息，我们想表达的思路也非常清晰，我们常常一气呵成。但有时我们又一筹莫展，进展艰难。这到底是什么原因呢？

传播学告诉我们，传播关系是一切传播的基础，传播关系决定传播功能的实现。在什么样的传播契约关系之下进行传播？我们要传播什么？我们如何实现传播？我们如何达成有效的传播？既然电视化表现归根到底是电视传播中如何使用语汇，如何精彩表达、有效传播的问题，那么，我们就从信息特征入手，从传播契约关系入手，看看在什么样的传播关系下，我们需要运用什么特征的信息语汇，才能有利于实现好的传播效果。

1. 契约关系之一：信息关系

传播学原理指出：“信息关系中，不成文的契约要求一方准确报告信息，另一方则需要理解和验证真实的情况。”这种关系恰好可以对应我们电视传播中两大类传播形态。

（1）新闻，包括天气预报信息、股票行情信息、交通信息、蔬菜等交易信息、房产交易信息、质量监督信息、税率信息、环保指数信息等涉及国家宏观经济信息和各行业的管理、服务的微观信息服务。

（2）纪录片，包括社会、经济、文化、历史、人文等方面的话题和故事。

根据传播契约对传播的要求，我们不难看出，电视新闻和电视纪录片在电视化表现中“最重要”的信息价值是：信息的确定性，即信息的真实、直观。

新闻（纪录片）信息的使命是通过传播，真实客观地告诉受众事实的真相是什么，此时此刻发生了什么，而那些与生产、生活相关的信息，更是直接指导人们参与社会生存、发展活动的重要依据，如果它们不具备真实性，可以想象会造成怎样不良的影响。

2. 契约关系之二：劝说关系

“以说服为主要目标的传播关系称为劝说关系，劝说者并不受契约的限制。他们靠各种手段传播，为了达到自己的传播目的，他们挑选支撑自己论点的信息进行组合，以自认为最佳的方式包装。他们用令人愉快的东西来吸引人们对信息的注意。”对应这种关系的是我们在电视传播中最常见的几种形态。

（1）电视社教节目。

（2）电视评论节目。

（3）电视广告。

（4）电视宣传片。

（5）电视视频包装系统。

（6）电视购物。

根据其传播契约对传播的要求，电视社教节目、电视评论节目、电视广告、电视宣传片、电视视频包装系统、电视购物等在电视化表现中最重要的信息特征是：信息的煽动性，即信息的视觉注意、论理、说服、求证等。

尽管所有出现在荧屏上的信息传播都带有吸引受众注意的企图，但是，与单纯提供信息略有不同的是，以上这类传播形态明显有强烈的自带观点和说服、劝说、推荐的意图，体现了典型的劝说传播关系。

3. 契约关系之三：传授关系

“师生之间有预设的契约关系，按照契约，老师向学生系统地传授有用的知识，给他们提供机会和指导他们练习要学的东西，其中带入师生关系的是学生对老师的信任，对老师指导的尊重，是对学习活动的愿意参与。老师的责任除了教授正确的知识之外，还必须激励学生的学习动机。”对应这种关系的是电视传播中以下一些形态。

（1）电视论坛。

（2）电视讲座。

（3）电视教学。

根据传播契约对传播的要求，电视教学、电视讲座、电视论坛等在电视化表现中最重要的信息价值是：信息的确定性和足够引起学习兴趣，即信息权威、生动、清晰。

这种契约关系很明显的一个特征就是侧重于知识的传播和教化，与上一种关系相比没有任何商业上的传播诉求。随着电视节目日益多样化，传播技巧和功能日益综合化，与过去单调的形式相比，这类节目可能会融合更多的传播内容和目的，传播手段和语汇将变得更为丰富，但是从宏观定位来说，它们的教化功能是不会改变的。

4. 契约关系之四：娱乐、服务关系

“娱乐关系中，寻求娱乐的人不要求他们的传播伙伴提供充分而准确的信息；他们不准备对任何东西抱有求证或怀疑，不怀疑不符合实际情况的东西。相反，他们准备接受虚构、讽刺和笑话，乐意认同和分享从未有过的，也许可能不存在的有趣的人物和故事。他们甚至愿意接受富有艺术性的声音、文字和画面信息，他们接受一些含混不清的意义，他们愿意发挥想象和自己的经验判断。他们愿意在甚至是虚构的喜怒哀乐中被感动以得到心灵的最大满足。”对应这种契约关系的是我们所熟悉的电视传播常态节目。

（1）电视剧。

（2）电视综艺、体育节目。

（3）电视娱乐互动节目。

（4）电视服务节目。

根据传播契约对传播的要求，电视剧、电视综艺节目、电视娱乐互动节目等在电视化表现中最重要的信息价值是：信息的娱乐性，即信息的感动、互动、参与。

以上四类传播契约关系中，如果说对立的前三种传播形态因为强调的传播特性而相对固化了其传播手段的变化和发展，那么，娱乐、服务契约关系的节目则因为先天的传播特征使其传播形式的拓展具备了极大的变化空间。比如，目前中国生存时间最长的电视娱乐节目《快乐大本营》，至今仍保持着每期推出一档新游戏，每季度推出一个新企划。尽管相关栏目编导大吐苦水：“其实节目组压力很大，必须不断做超前的尝试，历经 18 年社会形态的改变和综艺节目的混战，很不容易。”但是我们可以看到，当节目为适应有效传播的要求而拼力改变时，在娱乐服务的传播契约之下，无论其内容还是形式都在与时俱进地发生变化，其传播语汇也在不断地丰富和拓展，因此节目才得以长期维持屹立不倒的地位。

我们之所以将传播语汇的研究建立在传播契约关系的划分之上，是因为这将有助于我们更清晰地了解传播者在什么时候以什么目的进行传播时应该选用什么传播语汇，通俗地说，也就是占什么山唱什么歌，和什么人说什么话、怎么说，这也是传播学的客观要求。这里我们再通过图表的形式归纳一下几种契约关系之下的语汇运用特性。

传播契约关系	常见传播形态	主要电视语汇	信息价值
信息关系	新闻、纪录片	影像、配音	准确性：真实、具体、生动
劝说关系	电视社教节目、电视评论节目、电视广告、电视宣传片、电视视频包装系统、电视购物	3D动画、名人、主持人（充当劝说者）	煽动性：新鲜、可信、愉快
传授关系	电视论坛、电视讲座、电视教学	专家主持人、电视文字、图表	确定性和足够引起学习兴趣：权威、生动、清晰

续表

时间段	表现语汇	解说词	信息特征
1′13″—1′20″	图片	一张当地报道人员拍摄的空中图片显示了洪水袭来瞬间的骇人场景	真实
1′21″—1′27″	图标：标出机场具体位置	在有大约一万人失踪的宫城县南三陆町，街道几乎完全消失，其中包括当地政府办公楼	确认细节
1′28″—1′43″	非正常拍摄影像（3）	日本今天还公布了日本航空自卫队宫城县基地的受灾情况，在此次海啸中，基地几乎被全部淹没，包括造价上亿的战斗机、救援机在内的飞机遭到海水浸泡，可能就此报废	真实

这是 2011 年 3 月日本发生 8.9 级地震引发海啸之后的第三天，发自东方卫视的一条新闻，根据主持人在导语中的提示，可知这是日本媒体新公布的一批海啸现场录像。可以肯定，无论是日本当地媒体还是全世界主流媒体，包括上海东方卫视也不例外，在发生海啸以来的两天时间里已经在报道里相继使用许多相关现场视频，但是显然新曝光的视频拥有着全新的影像价值，所以东方卫视新闻再次以 1 分 43 秒的篇幅对此进行呈现。我们来分析一下这段新闻的构成：先是两段共 56 秒的非正常拍摄影像（包括后期静帧影像），然后是 8 秒的航拍影像，接下来是图片静

帧影像，最后还有15秒非正常拍摄影像，这些影像充满新闻的全时段。由此可见，在表现海啸事件的报道里没有什么比可以看见的真实视频影像更能说明问题，更能突出信息的真实特征。尽管这些影像不是出自专业人士之手，明显有稳定性、构图、清晰度、光线等画面技术指标的缺陷，甚至有的并不是摄像视频而是固定而模糊的卫星图片和航空照片，但是通过后期的编辑处理也较好地展示了灾害现场的状况，提供了相关现场信息。与此同时，画面的有声文字（配音）语汇只是作为影像信息的适当补充。比如，提供海岸的高度数据，说明画面上细节的状况、图片所指地点、图片来源等，在这条新闻里有声文字起绝对的辅助作用，唱主角的无疑是影像，因为影像再现了千言万语都描绘不出的大量的事发现场信息。值得一提的是，在网络媒体对日本海啸进行的大批报道里，特别引人注目的，也是点击量最大的是一段长达10多分钟的视频，它通篇没有一句有声文字（配音），只用了日本民间的祭祀歌谣清唱作为背景伴随始终，其凄婉与无助的表达不仅让受众确认了悲剧发生的真实性，同时在情感上也受到强烈冲击，产生巨大的惊骇和由衷的感叹。这段高点击率视频恰好说明：受众此刻的最大信息诉求不是别的，而是过去我们所谓电视专业领域里不值一提的非专业的影像“作品”。

以上是突发事件在新闻传播中的典型例子。但是，无论是哪种形态的新闻，其信息的真实特征永远是摆在第一位的。在新闻节目中，现在我们越来越多地看到其播放各种摄影设备捕捉的现场视频，如救人、车祸、抓捕逃犯、自然灾害、犯罪等，当这些现场视频和其他动态视频同时出现在受众眼前，受众的视线会转向哪里是不言而喻的。这也是目前电视媒体乐于使用事件现场视频的不二理由，因为它更能吸引受众的注意。

当然，在表现新闻信息的真实性方面我们还掌握着影像以外的更多语汇。比如，在传播天气信息、交通信息、交易信息、质量信息、税率信息、环保信息等涉及国家宏观经济信息和各行业的管理、服务的微观信息时，我们可能更喜欢使用数据、表格、图标等这类最适合传递具体数据、走势、比例等社会经济数据的表现语汇，它们直观、易懂、具体、科学、理性的信息特征在很大程度上补充了影像语汇带来的感性冲击和瞬间即逝的画面印象，可以使新闻信息有筋有骨，有理有据，从而极大地增强新闻信息传播的力度和说服力。

2. 出镜记者（主持人）——第一现场

当然，对新闻传播中信息的真实性产生强大信息确认性的还有另外一种语汇，那就是主持人（记者）现场出镜。

“出镜记者”这个词首先出现在20世纪60年代的美国，它是新闻记者直接在新闻现场向观众报告新闻的一种工作岗位。因此，出镜记者的准确定义是：在新闻现场，在镜头中，从事新闻传达、人物采访、事件评论的电视记者和新闻节目主持人的总称。其英文表述是“On-camera correspondent and reporter”，直译过来就是：上镜的通讯员和现场记者。

从字面上看，这个词有两个意思，一是要出镜头，二是要准确报道新闻事实。

我国出镜记者的产生比西方国家晚了近 20 年，现在已经越来越多地被新闻媒体和从业人员采用，并且在新闻传播中受到了广泛的欢迎。

2004 年 9 月 1 日上午，一伙头戴面罩、身份不明的武装分子乘带篷卡车突然闯入俄罗斯南部北奥塞梯共和国别斯兰市第一中学，将 1000 多名刚参加完开学典礼的学生、家长和教师劫为人质，这就是著名的别斯兰人质事件。在这次人质事件的报道中，凤凰卫视记者卢宇光在现场发出了这样的声音：“恐怖分子打伤很多人，我们正在跑……恐怖分子冲过来了！向我们开枪……”毫无疑问，这真实的、喘着粗气和带着些许颤抖的声音传递的新闻信息已经远远超越了普通音频信息和视频信息的承载，带来的震撼力无疑是空前的。后来人们将这种用生命换回的现场报道称之为“卢氏报道”。

对于新闻记者出境，凤凰卫视有一套独特的理论支撑，正好也从一个侧面论证了笔者关于记者出镜是一种强大新闻传播语汇这一论点。他们认为，新闻报道的要点有三个：快，第一时间报道出去，画面来不及先口播，口播来不及上字幕；第一手，自己的记者站在事发现场，卫星传送不行就用视频宽带传播，没有宽带就用普通网络，没有图像就用电话连线；独家，发现别人没有的新闻，没有独家的事件就找独家的角度，没有独家的访问就找独家的问题。是的，新闻要快，“出镜记者”就是哪怕写几个简单的字幕概要的唯一承担者和责任者；新闻要第一手，“出镜记者”的影像画面本身就是看得见的事实的最好验证；新闻要独到，“出镜记者”深入现场“捕猎”是唯一的实现途径。可见，新闻传播要实现其信息真实性的本质化表达，“出镜记者’是最形象、最确凿的语汇。

提到记者出镜，我们不得不提到一个著名的栏目——中央电视台从1993年开播至今备受关注的《东方时空》，白岩松是其中“出镜记者”的优秀代表，他深入新闻现场的影像以及在现场影像中对新闻事实的清晰观点表达，成就了他记者型主持人的专业地位。谈到“出镜记者”这一表现语汇的运用对行业的意义时，他说：“我们必须感谢最初的《东方时空》的与众不同，从主任孙玉胜到制片人时间，从当时还在外围的崔永元到我们身边的摄像，他们放弃了传统的选择标准，用新的方式和概念来把另外一群人聚集在身边。于是，电视的一个新的时代开始了，画面上一种新的语言诞生了。”这里，白岩松所指的语言无疑就是“记者出镜”这种电视语汇。

我们来分析一下这档著名栏目里“出镜记者”电视语汇运用的经典案例——1994年中国电视奖特等奖获奖作品《收购季节纺棉区》片段（1994年10月10日播发）。

这期节目是《焦点访谈》记者赵微对湖北襄阳非法收购棉花现象进行的新闻调查。朱集镇是国家主要的棉花生产区，但是这些棉花加工厂不顾国家禁令以非法手段大量收购棉花，致使国家棉花收购工作出现混乱，为了以新闻事实展现这些非法勾当，赵微以出镜记者身份亲临现场。

首先她进入棉花加工厂车间，影像里她所到之处明显被刚刚打扫过，空气中还弥漫着灰尘，女工头上还残留着未来得及清理的棉花屑。

记者问女工："在这里干什么？"

女工回答："来玩的。"

记者又问："车间里边蹲着十几个人也是来玩的？"（而此时，该厂厂长避而不见，办公室空无一人。）

记者端起桌上的杯子说："杯子里的水还是热的呢。"（可见工作人员才刚刚离去。）

在门口，记者遇见进门的出纳，问道："你今天收了多少？"（对方猝不及防。）

记者又问："今天从你手上出去多少钱？"

对方神色慌张地答："20 多万吧。"

记者问："来交棉花的多么？"

对方："差不多吧。"

……

整个现场就是这么连续不断地提问，而且环环相扣，引人入彀。被问的人或哑口无言或前后回答矛盾百出，现场气氛十分戏剧化。然而，正是这一系列出镜记者所主导的通过视觉、听觉、味觉、触觉等来体现的"全感采访"，使新闻事实的信息明晰呈现，这里根本不需要加进配音，也不需要图标解说，更不需要多余的评述，出镜记者带着新闻事件最原始的信息，以最可信的状态，站在现场把最亲身的全感体验向受众传播。

擅长“出镜”的赵微在总结自己对这种语汇的应用心得时说：“记录过程的完整性与‘全感采访’的运用最大限度地减少了‘噪音’对新闻信息传播的干扰，使得有关这个新闻事件的信息尽可能地充分展现于受众面前。”这里所说的“噪音”是指影响这段传播的一切无效形式和信息。

这是出镜记者在现场参与主导影像提供鲜活信息的典型例子。在一般性的新闻报道中，因为篇幅和节目形态等因素的限制，出镜主持人语汇的运用多数情况是片段或局部的，再加上这种语汇的使用对出镜记者个人的业务水平要求相当高，因而只有在新闻深度报道或新闻调查类型的节目里，“出镜记者”这种独特的表现语汇才有机会被使用得淋漓尽致。无疑，其传播效率也大大超过一般的电视表现语汇。

另外，在新闻纪录片的拍摄过程中，“出镜记者”语汇也时常被恰当使用。比如大型纪录片《望长城》，这是我国首部引入出镜记者（焦建成）的纪录片。我们来看看《望长城》中《追访王向荣》这一片段。

焦建成在一个孩子的带领下来到一处农家院落，迎上前去的是王向荣的媳妇，他告诉焦，家里只有她和耳聋的婆婆王大娘，向荣不在。焦握着大娘的手扶大娘坐下，大娘叫媳妇给记者做饭，焦连忙推辞。

闲谈中焦问：“大娘，想不想儿子？”

大娘说："想的嘛，想得一天天哭，想起来就哭一顿。"

焦夸奖王向荣歌唱得好，大娘教得好，并请大娘唱上两句，大娘首先推辞，但最后还是兴致勃勃地唱了起来。此时焦提起王向荣的录音磁带，又看大娘耳朵不好，就请录音师将录音机的耳机调好戴在大娘的头上，大娘停止了歌唱聚精会神地听着听着，终于明白了，脸上露出会心的微笑，焦含泪注视着老人……

临别时，焦为王向荣捎上家乡的土特产，王向荣的媳妇领着女儿向焦告别，焦越走越远了，乡亲们还在挥手……忽然，焦回头看见大娘矮小的身影出现在高高的山梁之上，天边是一抹美丽的夕阳……

相信凡是看过这一段的受众都会感动于出镜记者带领他们一起体验的真实经历和情感：探访片子主人王向荣的亲人；感受大娘对儿子浓厚的思念；王的歌声给亲人带来的幸福与满足；经过短暂的交往，王的亲人将记者当成儿子一般，热情、留恋……

这些复杂的情感信息如果不是通过出镜记者主导下的真实影像的还原呈现，是很难用语言表述到位的。即便用其他方式比如记者口述、写文案配音等来表述，估计这些信息的传播效率也将会大打折扣。因为那些只可意会不可言传的信息表达，只有出镜记者在影像语汇中的融入才能更好地表达出来。

3. 有声文字

与影像以及记者出镜两种语汇相比，在电视新闻传播中，有声文字的信息功能更显示出其对细节的强调、对背景的铺陈、对内涵的提升和对镜头以外信息的补充，它是用多种电视语汇综合进行信息叙述时的结构骨干。

一般意义上的电视新闻基本结构是：影像＋有声文字＋现场同期声。在这个结构之中，有声文字通过导播、配音以及字幕的形式表现，基本上贯穿新闻的始终。一条新闻如何开头导入、下面的情节如何发展、中间怎样跌宕起伏、结尾得出什么结论，这都必须通过有声文字来实现。

（1）电视新闻导播

无论是事件现场的导语还是演播厅的口播，电视新闻导播都是作为电视有声语言在新闻传播中首先出现的语汇。一般情况下，导语担当着信息传播的引导功能，这种引导有时候可能是直指要害型，有时候可能是旁敲侧击型，而有时候可能是故设悬念型……有关的专业研究早为我们提供了实际操作的锦囊妙计，在此笔者不再赘述。总之，无论什么导语都是通过某种信息点的切入来引导受众关注下面的新闻内容。

（2）新闻文案

关于新闻文案，已经有十分系统的写作理论，它关于如何抓住要害、如何提纲挈领、如何逻辑陈述、如何生动表达等却与文学表现存在异曲同工之处，稍有不同的是当文学的表现功用与信息的传播功用存在矛盾时，可能电视新闻文案的传播功用应该成为首要的选择。

对此，美国著名新闻记者和主持人约翰·钱赛勒有很好的见解："在电视上解说新闻事件时必须记住，实际上，图像是最好的解说，如果图像上出现的场面很能说明问题，出色的记者或主持人会知道在此刻尽量少说，或者不说。确实需要讲述时，他们会留心对那些人们正在观看的图像不再赘述，而是设法使讲述对图像起到补充作用。”这也许就是电视新闻的有声文字（解说）与平面媒体新闻文案的最大区别，也是电视表现语汇中对于“文字”的特殊的信息要求。

（3）关键词

另外，在电视新闻信息传播中，我们现在越来越多地可以看到新闻信息的关键词出现在视频内容上，而且这种说明性的文字常常与二维图标、三维图标以图表语汇整合运用，相对“视频”和“采访互动”来说，它更理性、清晰和客观的信息特征恰到好处地展现了“文字”作为电视语汇的新的功能，从而与导语、文案等传统的电视化符号一起构成了形态变化、内容丰富的视觉“文字”符号系统。

我们来看看 2013 年 1 月 16 日分别在湖南卫视《湖南新闻联播》和中央电视台《新闻联播》播出的一条新闻对有声文字语汇的运用。

①《坚定不移推进长株潭两型实验区改革》片段（1 分 56 秒—3 分 34 秒）

时间段	画面	有声文字
1′56″—2′6″	主持人出境	2012 年，长株潭实验区着力推进项目建设，湘江风光带、长株潭城际铁路、清水塘绿色搬迁等十大标志性工程建设目前都取得了重大进展

续表

时间段	画面	有声文字
2′7″—3′34″	图片＋文字（将黑体文字部分在屏幕上显示，以突出十大项目的进展具体情况和数据说明）	湘江风光带长株潭段建设，两岸全长271公里，已经建成150公里，正规划建设72公里。长株潭城际铁路建设，长株潭线去年完成投资17亿元，迄今累计完成投资150亿元。清水塘绿色搬迁改造，35家企业改产，已落实39家污染企业搬迁。湘潭竹埠港建设、湘潭锰矿获批国家综合治理示范项目，重金属污染治理废渣项目和湘潭电化废渣废水综合治理项目累计完成投资2亿元，3个重金属污染治理项目已经启动。昭山绿心保护，完成对绿心范围内已批未建、已批待建项目的清理工作，清理项目224个，整改不符合规划的项目1个。湘江长沙综合枢纽建设，提前一年实现蓄水试通航，2000吨级双线船闸全面投入使用。岳阳城陵矶临港产业新区建设，新区获批省级高新产业技术开发区，成功发行10亿元企业债券。长株潭城际干道建设，天易大道湘潭段、芙蓉大道北部、九华大道等项目建设进展顺利。大托铺机场搬迁，目前军地双方已签订界确权协议，迁建工程预可研通过专家评审。益阳鱼形山问题产业园建设，目前已建立市场化运作平台，总投资75亿元的“江南古城”等一批文化旅游项目落户园区

这条新闻是记者在参加全省绩效考核会议时提炼出的第二条新闻，在这条新闻之前，记者已经郑重编发了《省长徐守盛强调坚定不移推进长株潭建设进程》的头条，第二条新闻作为信息的补充，从“文字”内容上来说更具体、更具有实质信息。按照我们常规的采编方法，报道这类新闻时，会拍出各项工程漂亮的全景、工人师傅的繁忙操作或工作进度表、合同规划等来说明项目顺利推进的影像。但是，这条新闻却并非这样处理：在不到两分钟里，没有使用一个多余的“空”镜头，而是通篇以图片＋字幕（关键词）的方式表达，清晰地告诉受众哪些项目投入多少，多少项目正在推进，哪些工程进度如何。其信息传播的着眼点不是让人“看见”各项工程的“面貌”，而是了解工程进展的“硬”信息，即具体项目内容和进展数据。所以，尽管从内容上来讲，这是一条典型的动态新闻，但它又不是过去意义上的动态新闻，其“现场感”不是它的主要特色，而是以“截图的静止画面”＋“关键词”的形式出现，这反而使它在一条接一条的“影像”新闻中凸显出来，使它要传播的信息得以强调，让人过目难忘。这个例子说明，在电视信息的传播行为中，尽管“影像”语汇无疑是个强大的表现语汇，但当它不能很好地实现信息的表达作用时，我们可以寻找其他更恰当的语汇加以表现，我们可以借鉴或发展其他媒体、其他艺术形式的语汇，并对其进行综合运用，以此来恰当地表达电视传播想要表达的内容，从而有效实现信息的传播。

②《大病保障扩容　20 种大病报销超九成》片段（3 分 30 秒）。

时间段	画面	有声文字
0″—15″	主持人出镜	记者今天从卫生部了解到，我国农村医疗保障重点向大病转移，肺癌、胃癌等20种疾病全部纳入大病保障范畴，报销比例不低于90%，新农合人均筹资水平将达到340元左右。新农合资金总额增加到2700亿，一些农村地区的大病患者已经成为受益者
15″—42″	影像	62岁的河南周口农民马继彪得了肺癌等好几种疾病，刚刚在郑州市人民医院做完手术，一共花了7万多块钱，这笔费用相当于他们家两年的纯收入
43″—48″	马继彪的儿子同期声	对于我们农民来说这次一下子拿出这么多钱，开销确实困难很大
49″—56″	影像	按照之前的政策，合作医疗8000元以上可以报销65%，而从今年开始报销比例有了很大提升
57″—1′07″	文字：2013河南新农合报销比例（数字）	8000元至5万元可以报销65%，5万元至8万元报销80%，到了8万元以上可以报销90%

续表

时间段	画面	有声文字
1′08″—1′16″	影像	数字上的变化到了农民手中就是实实在在的钱，这一场大病马继彪的医药费报了5万多块钱，自己只花了不到2万
1′17″—1′34″	河南省卫生厅农卫处人员同期声	第一是不设起付线；第二，不受药品目录或诊疗项的限制，每种疾病我们限价，在限价内按一定比例报销。从农民的角度来讲，报销的比例、报销的程度增加了
1′35″—1′44″	影像	现在农民得了小病，一般不会动摇家庭的根基，但是得了大病就会让大部分的家庭因病致贫、因病返贫
1′45″—1′53″	卫生部医改办人员同期声	比如说肾透析，原来不管家庭情况多好，透析完了以后都要变成穷光蛋，家徒四壁
1′54″—2′02″	影像	医改以来，国家在推行新农合的同时，也在把保障的重点向大病转移，向家庭贫困的农民倾斜
2′03″—2′18″	文字：纳入大病保障的20种疾病的详细清单	除了提高报销标准，肺癌、胃癌、终末期肾病等全部纳入大病范畴之内。困难农民还将得到15%的民政医疗救助基金，这样，加起来报销比例不会低于90%

续表

时间段	画面	有声文字
2′19″—2′34″	病人同期声	我们两个是癌症专业户。我老伴是癌症，是过来人了，我刚得半年，但是我有信心，现在国家对农民这一块这么支持
2′35″—2′54″	影像	新农合基金在给农民报销大病医药费的时候，医院的用药治疗要严格审核，这样既确保钱用到了刀刃上，又保证了农民的治疗效果，农民自己负担的医药费减少了，医院对病人欠费的担心也少了
2′55″—3′08″	卫生部医改办人员同期声	这个钱国家给你保证了，你就不要天天追着病人屁股后面要钱去，就是一心一意地提高技术水平
3′09″—3′30″	二维动画图表：显示 2012—2013 年新农合全国人均筹资标准、新农合各级政府人均补助标准、新农合实际报销比例	新农合实际上就是农民的医疗保险，今年每个农民的筹资额达到 340 元左右，其中 280 元由各级政府来补助，这就意味着新农合基金的大盘子里今年可以给农民报销的钱有 270 多亿元，增加的金额将使实际报销比例提高 5 个百分点

以上是一条典型的长消息，在今年开始实施的新农合医疗保障制度下，这条消息对单个农民个体生大病后得到的实惠、对我国目前的新农合保障机制进行了详细的解读，其中包括大病报销比例的分段提高、被列入的 20 种大病保障的详细清单、我国新农合基金今年的个人筹资情况、政府出资情况以及递增的报销比

例资金保证等。同时，对新农合机制涉及的医疗服务质量话题也进行了有益的探索。这条新闻所要表现的内容是我国国计民生中非常重大的利民举措，它的有效传播无疑将对大病患者和相关家庭起到定心丸的作用。很显然，这条新闻的信息传播核心是政策向好的变化，利民的力度、广度和政策保障的实施基础。所以在实际操作时，这条新闻通过“文字”或“图标”十分清晰地表现了这些受众最为关注的问题。与此同时，通过影像的再现、现场同期声等其他电视传播语汇的运用，既传递了与新闻事实相关的人物、事件等感性信息，同时其相关政策规定、数据、变化等理性信息也得到了顺利传递。

这两条来自不同媒体的新闻，从同一个方面说明了笔者所强调的观点：“影像”的能量是强大的，但是在电视信息传播语汇系统里，影像远不是唯一的表现语汇，选择适当的表现语汇来传递我们需要表达的信息内容才是电视传播表现语汇运用的核心与关键。

二、劝说关系——电视广告

1. 电视宣传片

电视广告、电视宣传片、电视视频包装系统、电视社教栏目等在电视化表现中最重要的特征是信息的煽动性，即视觉注意、说服。

电视传播的劝说关系中，传播的一方怀着明确的意图，需要通过各种手段，达到劝说的目的。在这个领域里，电视广告、电视购物是直接劝说受众买东西；电视宣传片是劝说人记住某个被宣传的品牌或主题、活动、话题等，劝说受众接受并追随；电视视频包装系统是直接建立某种品牌的系统标识，使受众在众多电视信息中实现迅速辨识，潜在劝说受众注意、关注、接受。因此电视广告、电视宣传片、电视视频包装系统其实是同一形态。无论是商业目的的劝说还是社会教育目的的劝说，其核心都是通过电视信息的传播达到劝说的目的。这样的传播关系，我们分析它的信息特征，无非就是引起注意，使其相信，促成行为。

在众多的电视传播语汇中，我们发现能引起关注的有以下几种类型的信息：创意独特、内容新颖、形式眩目。那么，这样的信息包含在哪些语汇里呢？

我们来看一则广告。

1984 年，中国电视广告出现了一个令全中国老百姓印象深刻的广告——威力洗衣机广告（时长 25 秒）。

时间点	影像	有声文字
0″—20″	一辆轻卡车开过原野，硕果累累的稻田丰收在望，车经过小溪，经过农舍，来到一户农家小院，洗衣机被簇拥着抬下汽车，母亲出现，威力洗衣机局部特写	妈妈，我又梦见了村边的小溪，梦见了奶奶，梦见了你，妈妈，我给你捎去一样好东西
20″—25″	落幅	威力洗衣机，献给母亲的爱

这则电视广告出自我国电视广告刚刚起步的20世纪80年代，当人们还在迫不及待地直接宣传产品质量和品牌时，威力洗衣机用如此真情感动了所有孩子和母亲，广告创意将商业和亲情恰到好处地融在一起，因此起到了很好的劝说作用。据说这则广告播出后，威力洗衣机成为那个时代最主流的洗衣机品牌。

在20世纪80年代，人们思想还比较保守，羞于表达感情，而同时代的电视商业广告大多直接聚焦产品，这则电视广告将创意依托于亲情，弘扬了是中华民族五千年的忠孝文化，仿佛在向人们讲述一个动人的亲情故事，于是在众多广告中脱颖而出。

在信息内容层面，整个广告时长25秒，其中20秒的时间广告文案丝毫没有涉及要宣传的产品，而一直是在与受众交流亲情的温暖，这正是观众最乐于接受和最易产生共鸣的信息，到最后5秒，通过前期的铺垫，推出广告主题：威力洗衣机，献给母亲的爱。这既是广告劝说的核心内容，也是传播信息最好的总结，它提升了广告信息的人文内涵，最大限度地将商业劝说融进了情感的互动之中。

从信息形态的层面来说，这则广告运用的是影视剧的表现手法，演员表演真挚、流畅，文字叙述娓娓道来、平和质朴、直指人心，这里没有眩目的形式和动感的节奏，其温和质朴与要表达的思想内涵水乳交融，母子亲情正是这样含蓄而深沉。

有了这三个层面的有效配合，这则广告一经播出，其传播的信息立意引人注目、亲情渲染深入人心，最终其宣传的产品得以大卖证明其劝说力得到了很好地实现。

同样，电视宣传片、电视视频包装系统的传播形态也与电视广告一样，其目的是通过恰当的电视语汇的表现来强调特征，促成信息注意和信息说服。

我们来看一条曾在中央电视台热播的公益广告（也称主题宣传片）《家》（1分30秒）。

时间段	画面	文字
0″—22″	英文单词FAMILY的字幕动画演绎，F粗大有力，I牙牙学语，M为孩子撑伞……	小时候爸爸是家里的顶梁柱，高大魁梧的爸爸为家人遮风挡雨，贤惠的妈妈相夫教子
23″—36″	I长大了，想抵制F的呵护和M的叮咛。F伤心、M流泪	如今我长大了，少不更事的我想挣脱爸爸的束缚，屡次顶撞叨唠的妈妈
37″—40″	I长得越来越大	长大的我渐渐体会到了生活的艰辛
41″—47″	F越来越弯曲了，还柱起了拐杖	发现爸爸的背被早已驼得不成样子
48″—53″	M越来越老	妈妈的身体也臃肿了

续表

时间段	画面	文字
54″—1′	在风雨中支撑的家（再次出现 FAMILY 完整单词），I 伸出了臂膀	是时候尽一份孝心了，悉心呵护起这个家
1′1″—1′8″	I 出现在 F 身边	做父亲的贴身拐杖，给他一个坚强的臂膀
1′9″—1′14″	I 出现在 M 身边	给母亲撑把庇护伞，为她遮蔽盛夏的骄阳
1′15″—1′21″	出现 Father and Mother I Love You	爸爸妈妈我爱你
1′22″—1′30″	落幅	宣传片主题：有爱就有责任

该片的创意主要是运用英文单词“family”与其中文含义“家”的内涵，通过影视动画语汇的运用，以独特的形式、简约的内容、纯粹的主题，向我们讲述了每个人都曾经历、体验过的家庭故事，在温情感怀的气氛中，宣传片“有爱就有责任”的主题得以传递和升华。

从以上两个例子可以看出，无论是有商业目的的产品宣传还是只有社会教育意义的主题宣传，其传播的核心要素基本是一致的。有学者就电视宣传片（包含商业广告、主题宣传片、视频包装系统）的特点做了经典的概括：“主题鲜明，目的明确，时间有限，信息量大，视觉效果突出。”因此，为了实现劝说的目的，在该类电视传播产品的前期制作过程中，有人探索并实践了他们的诸多制作模式，如故事模式、名人模式、幽默模式、悬念模式、验证模式、特殊效果模式等，尽管这样分类的科学性有待进一步探讨，但是宣传片最后呈现的不管是哪种模式，其传播关系所决定的信息传播诉求是不会变化的。如果说以往的概括是从电视制作技巧上加以总结的，而在传播学的语境之下，我们同样可以归纳出这类传播形态的信息特征：浓缩、强化和冲击，即一个精彩的创意提炼精准的主题，浓缩的、强化的表述促成信息抵达，形式的艺术性唤醒受众的共鸣。也许只有符合这样信息标准的电视宣传片才能将其劝说的“意图”隐藏在受众乐于接受的表现“形态”之中，使之足够引人注意，足够取信于受众，足够鼓动人们积极互动。

三、传授关系

传播学在介定传授契约关系时，为我们指出了其中的要件：传播者必须是专业或学术的“师长”，而受众是“学生”；信息传播的内容权威性和可信度是毋庸置疑的。

传播关系跟劝说关系有本质的区别，这里传播者是在确定传播学习内容的基础上调动一切手段使受众愉快地学习而不是调动一些手段劝说使其信任。因此，这类传播中的信息诉求特征不是求证真实，而是在全然认可真实性的基础上对“真理”的讲解、阐述；不是劝说互动而是实现互动，使需要传播的知识、信息尽快地抵达受众并使之吸收、消化、记忆，成为受众有用的工具。

在常态的电视传播中，电视教学、电视讲座、电视论坛等节目属于这个类型。近年来随着电视技术的进步，许多生活服务类节目也因为其明确的传授知识技能的功能而成为该类型传播的新兴产品，如健康养生类、文化鉴赏类、普法类等节目。同样，在信息传播的语境之下，这类节目在电视化表现中最重要的信息价值是：权威、趣味、引人入胜。

经历过中国电视发展各阶段的人们也许还记忆犹新，20 世纪 90 年代初，我们可以从电视上看到镜头里的教室和黑板，看到用粉笔在黑板上写字的老师，那种情形就如同我们直接坐在教室里听课。后来，我们逐渐使用电子显像仪。再后来，我们看到老师的半身影像以及清晰生动的二维课件的展示。但是，这些从某种角度讲还是原来意义上的电视教学类的简单形态。而现在的荧屏上，当这个类型节目的传播实质得以全新凸显的时候，我们看到了《百家讲坛》，看到了《鉴宝》，看到了《健康驿站》等已经脱去了传统教化节目外衣的传授关系的传播。

严格地说，当年的《百家讲坛》可以说是这类型节目对以往授讲节目的突破。节目呈现出一系列的新意：内容上，一反过去纯粹的单向评判价值之下的选题，站在受众渴望的知识兴趣点和对现实的人文教化意义的角度，规定嘉宾的讲授内容和方式；形式上，嘉宾被安排在设计精美的场景中，有主题突出的背景板，形式考究的讲台，最为突出的是嘉宾的呈现不再是单一机位，在艺术化处理的光影下，嘉宾身临其境，展示了较高演讲技巧，并被几台机位巧妙捕捉，其抑扬顿挫和声情并茂的讲解被展现得淋漓尽致，现场背景也起到了烘托气氛的作用，既增加了嘉宾的个人魅力，又增强了讲授内容的现场感染力。同时，穿插的相关影视剧或历史资料的影像、文字、图表和现场观众互动，使整个讲授形式新颖、内容生动、故事引人入胜、道理逻辑清晰。当这样的传播出现在电视荧屏时，其知识的教化在受众对节目的欣赏过程中得以全然实现。当然，受众对这类节目的电视化表现尝试也给予了较高的评价：“很多观众对中国历史和传统文化非常感兴趣，我们不仅渴望学习、了解知识，而且希望这些知识为我们当代所用。在这种背景之下，《百家讲坛》应运而生，它以传授和普及传统的中国历史文化精髓为宗旨，以大众的、通俗的形式，为我们提供了一个良好的学习平台。”这里提到的“大众的、通俗的形式”正是我们所指的有利于受众接受信息的“电视化表现”。一个传播的成功与否其实不在于它是高雅还是通俗，是小众还是大众，恰恰相反，传播原本就是面对大众的，传播的本质就是传递信息，以求最大范围地有效传递信息。

这个全新表现形式的栏目也得到了专业领域的认可，在2009年由中国广播电视协会、中国传媒大学、南开大学和中央民族大学联合推出的首部《中国电视网络影响力报告（2008年）》中，作为知识（传授）类节目，《百家讲坛》位居年度央视十大品牌栏目榜首位。

然而，如今离《百家讲坛》的成功又过去了七八年，七八年又是一段成就辉煌的里程，在今天的荧屏上我们看到了更多的知识教化类节目，下面我们以中央10套《健康之路》的《你是危险性格么?》（2013年1月4日播出）节目为例，详解其高收视率的成就之道（11分19秒—39分23秒）。

时间段	内容	语汇	信息功能
11′19″—13′16″	可能诱发肿瘤的情绪：长期压抑、紧张、恐惧、悲伤、焦躁、愤怒 解说词：屏幕上出现了这么多情绪变化，都是有可能诱导肿瘤的因素	图表 文字 有声文字	详尽列出症状，传递专业信息
13′17″—13′20″	唐教授：这些情绪我们统统叫它负性情绪，对我们健康不利，让人不开心、不高兴，都叫作负性情绪。长期的焦躁、压抑、紧张都是引发肿瘤的因素，似乎是挺普遍的。你写得非常到位的一点就是长期，如果我今天不高兴不开心下可以，但是长期的一种情绪，长期处于恐惧焦虑不行。短期的焦虑可能会帮助我们展示一个危险环境，如果长期处于一个恐惧的、焦虑的情绪你就会崩溃	互动	权威提供信息确认
13′21″—16′38″	总共有 6 个问题： 第一，愤怒很生气，不会表达出来 第二，不太愿意帮助与自己没有关系的人，自扫门前雪 第三，不惜代价追求完美 第四，没有那么可爱，别人不太喜欢我吧 第五，你会长期感到孤单被排斥吗? 第六，认为自己价值不是特别大，偶尔想结束自己的生命有可能是一种解脱的方法 主持人：出现几块积木的时候要调整? 唐教授：每一块都要调整。不良情绪往内走就会伤害到我们的脏器了	互动：邀请了两位现场观众，和一位嘉宾来一起玩游戏	用参与互动的形式展现受众在接受信息过程中的反馈信息，结果是两位现场观众中间垒了 3 块，另外一边的阿姨垒了 4 块。嘉宾 1 块都没有垒

续表

时间段	内容	语汇	信息功能
16′39″—19′30″	长期生闷气最易诱发哪一器官的病变?(选择:脑部、胃部、肝部) 一百位现场观众表达意见。超过一半的人选择肝部,超过1/3的人选择大脑。正确答案是胃部	互动	通过现场观众做选择题,充分融入传播情境,激发更多人的信息反馈
19′31″—23′03″	实验表明,人不生气的时候,胃部是粉红色的,生气之后胃部是灰白色。一生气,血管收缩了,血压升高了,血流就慢了少了,胃就变灰白了。脸部同上 生气时吃饭和吃饭时生气,易引发胃癌。 怒大伤肝	影像	再现医学素材,提供真实参考
23′04″—23′30″	嘉宾:亲人离世、外遇,会造成不好的情绪和压抑的情绪。 教授:人不是生活在真空当中,不可能每天都乐,会遇上比如家人离世、小两口过得好好的忽然有外遇。这些事件都叫作生活事件,这些生活事件是危害我们健康的 黄教授:我们有一个在国际上也非常流行的量表,来量度生活事件。包括丧偶110分,父母死亡96分,离婚65分,父母离婚62分,家属重病53分,遗失重要物品33分,家庭纠纷25分,退休26分	互动	语言沟通,达到信息互动,专业知识信息容易抵达

续表

时间段	内容	语汇	信息功能
23′31″—25′01″	一年之内你所有的生活事件加起来，只要是震动你心灵的事情小于150分，你来年不会得病，健康不大容易出现问题，至少不会得重病；你的生活事件，所有的事件全加起来在150分到300分之间，你就有50%的概率来年要生病，你的健康会容易出问题。你的激素水平和免疫力就受到了情绪的影响，其实也能够从这个量表当中看出，一些事件对我们心灵造成的影响的强弱，最严重的就是丧偶。我们每个人的性格脾气、情绪，到底最主要受控的是什么？	影像	科学信息再现，增强传播的信服力度
25′02″—25′28″	情绪的好坏主要取决于什么呢？是自己身处的环境还是一个综合的因素呢？	影像	
25′29″—27′04″	现场观众表达意见：接近一半的人认为是综合因素，超过1/3的人认为环境因素也非常的重要 主持人：情绪到底由什么来决定呢？答案是自己。黄教授你为什么告诉我们是自己来控制情绪呢？ 黄教授：确实情绪也受环境和综合因素的影响，这个不能说完全靠自己，但是自己确实占了大部分 主持人：对啊，我们确实想把自己变成一个好脾气好性格的人。有什么方法吗？ 黄教授：首先我想大家能够做到什么呢？降低自己的欲望，降低了自己的欲望意味着什么呢？很多事你就不把它当回事了，心身互调，躯体和心理是连着的，情绪一定要从正常的渠道发泄出去，抒发出去，不然会影响我们的健康，可以调整呼吸来调整情绪 主持人：我们可以调节性格，变得平和、积极、阳光	互动	

续表

时间段	内容	语汇	信息功能
28′12″—30′30″	究竟大家的心态是怎么样呢？光靠您说不行，可以通过高科技看看您心里脑子里的东西 两位特邀嘉宾一起玩个特别好玩的测试，用机器测量自己的脉搏、呼吸节律，甚至血压、自主神经系统的一个活动，看是否能放松自己。机器和后面视频的图片是相连接的，自己的心态越好，后面的视频里的树枝就会枝繁叶茂 教授：你们忘记现场，想想自己在海边坐着，那多美啊，辽阔的草原好绿啊 视频：枯树枝全部都变得枝繁叶茂了	互动	受众的实际参与，加强了信息的传播力度和深度
30′30″—32′12″	主持人：要是情绪一直处于比较压抑不快乐状态当中，我们用脑子来想一下，自己认为好的场景或是你比较向往的生活，会不会也让我们这个性格发生改变呢？ 黄教授：会的，这叫作积极心理疗法，虽然总有不积极的或是负面的，去幻想一些美好的事情，对自己会很有帮助 主持人：那我们观众可以不可以用一些冥想来产生快感 黄教授：可以。首先调整呼吸，深而漫长地呼吸，一下做 5 次，然后专注地冥想一件事。我们中国人现在都在养生，但是不坚持，今天高兴做着美着，但是明天就忘记了，不做了那就坏了，所以要坚持冥想 主持人：在视频出现彩虹时，体内一定出现了非常奇妙的变化，内啡肽既然可以让我们产生快乐，在什么情况下，我们的内啡肽会分泌多些，让我们更快乐呢？	互动	语言的互动交流可以强化信息的碰撞和接收

续表

时间段	内容	语汇	信息功能
32′13″—35′19″	视频：哪种方式可以分泌更多的内啡肽？（选择：产生愉快、殴打假人、购物跑步）现场 100 名观众选择，超过一半认为购物很快乐 答案是跑步 主持人：为什么跑步会给我们带来强烈的愉快感呢？	影像 互动	
35′20″—39′12″	黄教授：这个是通过科学研究的，就是当你跑步的时候就会分泌内啡肽，肯定会让你愉快。那些经常锻炼身体的中老年人一天不锻炼身体就不舒服，就难受。但是锻炼了就开心，就是因为锻炼时分泌了内啡肽。这个事实告诉我们，当一个人跑 30 多分钟，连续，慢跑，不是很剧烈，这叫作中量运动，内啡肽就开始大量释放了，然后就成瘾了，第二天、第三天还想跑，于是就坚持了下来一直在锻炼。 特邀嘉宾：那比方说跑步算有氧运动吗？ 黄教授：算。骑脚踏车，都是中量运动。第一，吃辣可以分泌吗啡。因为内吗啡是内源性吗啡，吗啡的第一大功能是什么？是止痛的。第二，唱歌、听音乐也可以刺激人体分泌内啡肽。情绪要自己调节、自己管理，那么怎么自己调节？去结交朋友，降低欲望，然后回归简单的生活。我们人类是自然的产物，多接触大自然，你就会看到很多美景		

续表

时间段	内容	语汇	信息功能
39′13″—39′23″	所以说我们开心是过一天，不开心也是过一天，为什么不开开心心地去面对身边的事情呢？人不开心压力激素就会释放，使人处于比较激动的状态。免疫系统里面有个重要的细胞，叫作淋巴细胞，当体内细胞出现异样的时候，它就很快把它们杀死，但如果在这些压力下面，淋巴细胞就怠慢了就不工作了，因此当免疫系统变差的时候我们身体就不舒服，然后心情又不好，就会有一个恶性循环。保持一种开心的心态就会释放很多的内啡肽，对免疫系统有很好的促进作用，所以为了避免和减少肿瘤的发生，我们应该学会控制自己的情绪。让自己的情绪和身体状态处在一个比较良好的水平，促进免疫系统的功能，这就是情绪与肿瘤的关系了	主持人	信息归纳概括

以上是《健康驿站》的一期节目，其中说的健康养生问题有点复杂、专业，但是笔者在此全文录出的用意就是想证明，这就是目前传授关系之下的典型的电视化表现的传播模式。我国这类节目的突破发展在2011年开始显现，当时，美国的《奥兹医生》以及日本的《电视加油站》《恐怖家庭医生》等著名栏目被国内各大卫视竞相借鉴，至今北京电视台的《养生堂》、浙江卫视的《健康最重要》等节目的成功，有力地说明了用全新的电视化语汇表现来实现以往枯燥乏味的传授关系的传播是目前成效显著的制作新思维。节目的制作者在其中尝到了甜头："对知识性较强的节目进行改造，打破以往的传统讲解模式，节目中加入叙事元

素、脱口秀、趣味游戏等环节，在视听手段上将视频短片、三维动画与传统的健康知识介绍结合，丰富的可视性让观众更好地理解了深奥的健康知识。”实际上，站在传播学的高度，要实现这样的成功并不难。正如笔者在本书中阐述的，根据这类节目在传播中的传授契约关系，我们理当首先明确这种关系对传播信息特性的要求，即权威的知识＋丰富生动的表现。如果各种具备此类表现特征的电视语汇被坚决大胆地综合运用，那么枯燥的理性信息在感性的电视化表现中定能实现成功传播。

事实证明，我们认为越是枯燥、乏味、刻板、难懂的内容，在电视化表现中越有提升的空间，只要我们敢于运用功能强大的各种电视化语汇进行重新诠释表现，不难达到高效传播的目的。

与健康知识传授节目相同，普法类节目尽管领域不同，传播内容在法制范畴，但电视语汇运用的规律是相同的，甚至因为法制节目往往有生动的故事和重重的悬念，更加有利于电视化的表现。比如中央电视台的著名法制栏目《今日说法》《撒贝宁时间》已经成为普法品牌的典型案例。《今日说法》创作团队在对他们的创作实践进行总结时有一句很有意思的描述：“《今日说法》的选题有一个俗称，叫‘姥姥文化’，也就是说自己的姥姥是否喜欢看、能否看懂，把这个作为节目制作的标准。”站在传播学的角度，这里所说的“姥姥看得懂”实际上就是以信息传播的效率为目标，用适当的表现语汇使连“姥姥”这样的受众都可以顺利接收并实现互动。可以说，这其实就是电视传播的核心，也是我们探讨电视化表现、电视表现语汇的现实意义。

四、娱乐关系

娱乐关系是电视传播的四大传播关系之一，目前我们从电视媒体的呈现中可深刻感受到“越来越浓重的娱乐化趋势”，有不少专家学者对此进行了深入的探讨。有人直接将电视等同于娱乐，他们理直气壮地认为：“眼球经济之下，充分发挥电视的娱乐特性是现阶段媒介激烈竞争之下的明智之举。”有人分析电视节目的娱乐化传播技术，认为“电视不仅要在内容上贴近娱乐，而且要在技术上予以渗透，不仅要谈话娱乐、综艺娱乐、体育娱乐，甚至新闻也要娱乐、纪录片也要娱乐……”有人则满怀忧患地剖析娱乐化的弊病和出路：“我们的政治、宗教、新闻、体育和商业都将心甘情愿地成为娱乐的附庸，毫无怨言甚至无声无息，其结果是使我们成为一个娱乐致死的物种。”针对电视媒介的“娱乐泛滥”，2012年初国家相关部门出台了《限娱令》，全国各大卫视的娱乐节目减少了50%，民众支持率为80%。

笔者对于“电视娱乐化”观点如下。

第一，“娱乐”一词的概念是“使人快乐或快乐有趣的活动”，从词的本意上讲并不存在贬或褒的倾向，不能将它与“低俗”“媚俗”“虚假”等贬义词画上等号。至于什么样的内容和形式会给什么样的人带来快乐其实跟受众学有关，不在我们今天所讨论的实现电视传播娱乐关系中电视语汇运用的范畴。

第二，从传播学、信息学、心理学来说，要实现信息的有效传播，受众处于快乐、享受、感动、兴趣等积极的心理状态之下显然更有利于传播的顺利实现。而且，“娱乐”的实质并不一定仅限于寻求简单低俗的感官刺激，高雅如音乐、绘画、摄影、戏剧、动漫等带来的同样是艺术享受的刺激，而理性的信息，如学习、旅游、自然探秘、读书、观点碰撞等都可以为受众带来深层次的身心愉悦。所以说，从电视传播的本质上看，使人“娱乐”的“方式”或者说“娱乐的电视表现手法”永远是符合传播规律的有效方法。

第三，电视传播作为一种极富特色的视听艺术，它先天性地综合了音乐、绘画、摄影、戏剧、语言、文字、动漫等各门类艺术的表现语汇，而这些语汇本身就是给人艺术享受的“娱乐”语汇。所以，我们在这个语境之下研究电视传播的“娱乐性”，应该更多地侧重于用“娱乐”的、令人快乐以至乐于接受的表现方式来传播我们要传播的信息，表达我们要表达的内容。同时，我们也不必把娱乐的“内容”和娱乐的“形式”混为一谈。在这一节中，我们将在对内容要求的基础上，着重分析娱乐关系契约之下的电视化语汇的表现力。

当今娱乐关系契约之下的电视传播形态除去电视剧、动画片、综艺晚会等传统的电视节目形态以外，大量的全新形态应运而生并成为夺人眼球的全新视点，交友、求职、竞赛、选秀、真人秀等各类节目的轮番推出，既是娱乐互动节目在社会功能上的巧妙补充，也是大众娱乐方式的全新形态，更为电视传播语汇运用的实践、探索和发展提供了更广阔的平台。

1. 电视化语汇表现原有艺术内容

中国电视传播历经了数十年的发展，电视化语汇的表现形式也在不断地探索之中。首先，我们不可否认，过去的一些电视产品运用了现在我们看来比较初级的电视化语汇来表现，使当年的受众为之耳目一新，并留下深刻印象。比如，音乐电视大约出现在 20 世纪 90 年代初期，1993 年设立了中国音乐电视评选活动，到 20 世纪 90 年代中期，中央电视台开播的文艺频道还特别设立了每周 7 次、每次半小时的《中国音乐电视》专栏，其播放的作品由过去单纯的“演唱者图像＋音乐”形式逐步升级为“艺术化表现的视频＋音乐”形式，即我们现在所熟知的 MTV。满文军的《望乡》、董文华的《血染的风采》、蒋大为的《在那桃花盛开的地方》等，这些 MTV 搭载电视化的艺术表现形式，通过视觉、听觉艺术来综合表现，不仅使音乐作品广为流传，使歌手在艺术化的包装之下迅速走红，同时也造就了一批成功的音乐电视的导演。如后来成功的电影导演张国立就是靠拍 MTV 打响名气。当年有人评价音乐电视的魅力时说：“MTV 使音乐插上了飞进千家万户的翅膀。”这就是经由电视化表现后的音乐的巨大力量。

时至今日，音乐电视的表现语汇已经实现了更大的超越：影视动画的充分运用，打开了其表现内涵的更大空间。

同样，许多过去（如相声、戏剧、著名的散文诗歌朗诵等）没有太多“办法”在电视上表现的单纯的艺术形式，现在也同样被人们以不同的语汇般上了荧屏。《快乐驿站》《经典音配画》《电视散文》《电视诗歌》和《电视小品》等成为受众乐于接受、喜于观看的很好的电视艺术节目。

这里值得一提的是中央电视台戏曲频道推出的《中国京剧音配像精粹》，这个节目最开始是在当时的中央领导的建议和指导下实施的一项文化工程，它是现代演员为已故的艺术家的原声唱片进行表演录像加工而制作的视听节目。这项文化工程从 1985 年提出、研究、试录，到 2006 年 7 月二期工程全部完成，历时 21 年，70 多个单位、3 万余人参与其中，录制剧目 460 部，为 115 位著名艺术家音配像，从 1907 年谭鑫培的《洪羊洞》《卖马》录起，一直到 20 世纪末的作品，基本囊括了近百年来京剧各个行当、流派和名家的代表剧目，为祖国的文化事业留下了一份宝贵财富。此外，节目还录制了中国评剧音配像 22 部、北方鼓曲名家曲目音配像 124 部。这项工程不仅以全新再现的影像形式保留了我国戏剧文化艺术的遗产，而且具有重要的传播学意义，可以说它是通过演员的表演重现。通过媒体的视频传播，保留并传承了祖国传统戏曲艺术瑰宝，丰富了当代文化娱乐传播的内容，增强了传统文化作品的感染力和艺术性，使原来只有声音的传播形式升级为符合现代受众需求的音像形式，实现了文化的有效传播。

2. 电视化语汇的开拓将衍生更多的娱乐产品

也许是受众的审美水平在不断提高，也许是电视本身的视听特征综合了其他艺术门类和高科技的丰富成果，总之，今天的娱乐互动传播当仁不让地成为社会文化娱乐的主流形式。过去形容媒体传播功能的实现有个经常用到的词语“寓教于乐”，它在今天仍是实现传播的宏观策略，不过笔者认为，它更应该是界定如今电视化表现的微观准则，以传播效率作为目标和终极考核标准的电视传媒正在这件法宝的指引之下，大步向前。

我们看到，各类电视节目，哪怕是过去意义上的社教类节目都被电视化表现出充分的娱乐功能，如励志节目、教学节目、社会调解节目、读书节目、文史知识节目、慈善节目等被“电视化”之后，我们看到了引人入胜的《变形记》（湖南卫视）、《传家宝》（央视）、《超级厨师》（东方卫视）、《魔方》（东方卫视）、《我等你》（央视），几乎每个电视台都在努力寻求全新的表现形式。

这些新型节目的策划、设计无疑是对电视化语汇的充分实践，但其内涵与外延已经超越了笔者所指的电视化技巧的微观探讨，对此，我们将另辟章节深入研究。

综上所述，探索以“电视化表现”为核心内容的电视传播的本质特征和规律，我们必须首先确立的是媒体与受众的传播关系以及受众在不同传播关系之下的不同信息诉求，这永远是电视信息传播的基础。电视传播的技术核心不应该只是我要传播什么，而是我要以怎样的方式进行有效地传播。因此，电视传播的核心技术手段只能是“电视化表现”，即通过独具特色的传播手段和技巧，针对我们各类不同的传播关系，用与之相适应的电视化语汇充分表现我们要传播的信息，这样，才能实现电视媒体的存在价值。

第二章

电视化表现实战经典解构

我们在探索电视化表现语汇的规律时发现，面对现在飞速发展的科技手段、日新月异的媒体形态以及不断变化的受众诉求，我们在确立了电视传媒表现语汇的最小单元之后，可以不必再拘泥于对它们单独运用技巧的探讨了。在目前的电视传播实践中，各种电视传播符号的综合运用不仅已经得到自发的、探索性的运用，并取得了很好的传播效果，而且这种综合运用的水平也随电视产品的综合、丰富、立体要求而不断提高，媒体产品已经远远超越诉求单一、内容单纯、形式单调的格局。为了实现有效传播的目的，媒体不仅可能在单个片段、单条新闻、单个广告、单期节目等的制作手段上充分实践电视化语汇的综合运用，而且将一档栏目的前期策划宣传、中期实施制作、后期营销播出，甚至于整个媒体的市场定位都放在电视化传播规律中运行。电视化的传播规律不仅可以运用至电视传播中产品制作的微观技巧，同时也适用电视媒体品牌的打造和产品营销，它对电视媒体的生存、运转、发展都具有指导性。

电视化表现规律的探索是建立在将媒体回归到信息传播者的本原之上的，这与我们追求相对微观领域的电视艺术标准不但不矛盾，而且两者的相互融合将更大程度地提高电视传播的效率和影响力。

第一节　电视化表现与电视文化

电视化表现，是建立在相关电视文化学和文化符号论的基础上的，有学者指出："电视是人类运用各种符号来交流信息的最好、最方便、最充分的媒介……人类利用各种符号不断创造着文化和传播着文化。"电视媒体利用它的多种符号以新闻等形式为人们创造了一个"实"的世界，同时也利用多种符号生产电视剧、电视广告等形式为人们创造了一个"虚"的世界，让人们生活在丰富多彩的文化环境中，既满足了人们现实的文化需求，也满足了人们虚幻的文化快感。美国学者约翰·菲斯克说："我把电视看成是意义与快乐的承载体和激励体，而文化则是这些意义与快乐在社会中的生成和传播。"电视是一种文化，是社会结构在不断生产再生产过程中得以维系的主要动力来源，而大众娱乐和传播就是这个社会结构中最基本的组成部分。

学者陈默曾从符号论的角度给电视下了定义："既然电视媒介是用来传播视听符号的，那么，我们就可以将由电视传播的'符号内容'统称电视文化。"陈默认为，文化说到底就是生活方式的符号化，电视就是将人们生活中的信息加以编码，通过电子传输网络传播出去，是人类经过口头传播、印刷传播之后，在现代技术发展的基础上，采用电子网络传播文化的一种方式。

可以说，我们进行的电视化表现研究是关于文化符号以及符号运用技巧的微观研究，是对文化语境下电视媒体特有符号的运用与传播现象的思考。这种微观的探讨将离不开电视所涵盖的各种文化类型的决定因素，因为，不同的文化传播领域或者不同的受众诉求，将可能带来文化符号截然不同的实践运用。有着不同电视文化诉求的人群运用不同的文化符号进行传播和交流，会导致有限的电视传播语汇在不同语境中的多变使用。例如，面对少儿受众或青年受众，面对喜欢读书的受众或喜欢运动的受众，面对精英阶层或是普通人群等，受众对于电视传媒产品信息的不同诉求决定了信息符号的不同运用手段和程度。因此我们认为，电视发展到当今时代，传媒领域出现所谓受众分群、媒体定位、节目定位、主持人定位等概念的根本原因，也是我们下面将以文化视角来探讨电视化表现的原因。

学者苗棣指出："电视文化其实就是指在电视传播的影响下，现代社会所形成的一系列生活方式、意识形态，它可以分为电视传播文化，电视接受文化，电视与时尚、政治、经济各方面的关系等。"高鑫和贾秀清则认为："人类社会文化生活中，电视是以全能文化形态，在实现对传统文化纵向聚合和对现代其他文化横向综合的过程中，多维度地体现出边缘性文化特征，它无疑是全球性文化趋向的一种文化类型。"

所以，"电视化表现"既是电视文化所涵盖的微观技巧，同时也是影响电视文化乃至影响社会文化发展走向的宏观驱动力。

第二节　各类文化语境下的电视化表现

一、湖南卫视：娱乐文化语境下的电视化表现

在探讨这个话题之前，我们有必要了解一下电视媒体的娱乐功能曾经在我国媒体发展中的变迁。

我国电视媒体兴起于 1958 年，至今大约分为三个阶段：早期开播到“文化大革命”结束属于初级阶段；1977 年至 1992 年为改革开放新时期；1992 年之后为繁荣发展的大媒体时代。纵观这五十几年的发展，我们注意到电视媒体娱乐功能的呈现也存在一定清晰的脉络。

1958 年 5 月 1 日，北京电视台（中央台前身）开播。

1958 年 6 月 15 日，北京电视台播出我国第一部电视剧《一口菜饼子》。

1958 年 6 月 9 日，北京电视台成功现场转播了一场篮球赛。

1981 年，中央电视台播出了赵忠祥主持的《动物世界》，并很快成为王牌节目。

1983 年，中央电视台第一台春节联欢晚会成功播放，央视春晚后来成为海内外华人每年春节的文化娱乐盛宴。

1990 年，中央电视台与正大集团合办《正大综艺》。该节目采用特邀嘉宾（明星或名人）猜谜、现场观众参与的形式，一举

成为热点栏目，同时也造就了许多电视名人，比如杨澜。同时，1990年又称中国电视剧年，一部50集电视连续剧《渴望》引得万人空巷。

当然，人们还会记得在那个年代，邻居们围着一台公共电视机收看日本电视连续剧《望乡》以及香港电视连续剧《射雕英雄传》的欢乐场景。

有人曾描绘说，那个时候人们已经不满足于端着饭碗在桌上摆着收音机听单田芳、刘兰芳的广播节目，当电视打开人们全新的视野，一双双饥渴的眼睛就盯住了荧屏，那时候的电视台只要有图像，如果再加上有故事，人们都会魂牵梦绕，一直可以看到荧屏上出现“再见”二字。这让笔者记忆犹新的场景从某个侧面说明，自从电视诞生以来，电视的娱乐功能就在强烈的社会期待中真实而又热切地爆发出来。媒介学者波兹曼对此也有深刻的见解：“电视的传播内容与其他的媒体绝然不同……它不同于平面媒体用文字符号传播，它生动、形象、直观的特点能够最充分、最完美地表现娱乐节目。”从20世纪90年代到现在，国内电视媒体中红火的娱乐节目不仅与受众分享了文化大发展中浩瀚的娱乐信息，同时通过娱乐信息的制造、传播、反馈与互动，俨然已经形成了声势浩大的娱乐文化信息强流和气场，成为人们不可或缺的精神与物质生活的内容之一，成为潮流文化意义上的社会现象。中国电视媒体的领军人物魏文彬当年在美国哈佛大学有一段著名的演讲，一组“中国人没有理由不快乐”的排比句道出了一个娱乐大鳄对市场的真知灼见：“我认为，近30年是中国近300

年来最好的发展时期，我们没有理由不快乐；近 30 年改革开放取得了巨大成就，政通人和，富国民强，我们没有理由不快乐；国家新一代领导人提出建设和谐社会，并真诚祈求世界和平，我们没有理由不快乐!”在这块渴望快乐的沃土上，在这个身处内陆、经济文化发展并不算超前的湖湘大地上，诞生了一个给全中国人带来快乐的著名传媒：湖南卫视。

以下我们在娱乐文化的语境下探讨湖南卫视，并不会将重点放在它本身的发展策略上，而是以这些发展策略为背景，探讨它如何顺应时代发展，不断尝试实践“电视化”规律，当然首先我们还是不能回避它发展的几个重要节点。

20 世纪 90 年代中期，湖南电视媒体寂寂无名，为打破僵局，湖南广电做出了以打造全新传媒“湖南经视”为起点的首轮改革。1996 年 1 月 6 日，当经视开播的第六天，名叫《幸运 3721》的娱乐栏目悄然诞生，这是一个集明星、游戏与重奖于一体的现场直播综艺节目，节目精彩、气氛热烈、反响不俗，热线电话直到节目结束一个多小时后还在不断打进来。著名电视人吕焕斌在《留给未来的历史拼图》一文中总结道：“尽管湖南经视作为地面频道在全国影响有限，但是《幸运 3721》草根娱乐的登堂入室所带来的娱乐冲击正是后来云蒸霞蔚的湖南电视现象的雏形。”

第二年，也就是 1997 年，湖南卫视推出相同气质的《快乐大本营》，全国人民首次看到了全新形态的娱乐节目，直到现在它依然是电视媒体娱乐节目的强劲引领者。

2002 年，湖南卫视再次推出大型脱口秀节目《越策越开心》，让周末娱乐旗帜高高飘扬。

3 年之后，湖南卫视《超级女声》成功运作，由此业界权威将 2005 年定为中国娱乐元年。

2008 年，湖南卫视再度推出全新形态的男子偶像天团主持脱口秀节目《天天向上》，成为娱乐形式结合主流文化的成功典范。

2013 年，中国顶尖歌手音乐对决综艺秀《我是歌手》横空出世，将专业标准与大众审美深度结合的高深娱乐做得精彩绝伦，震撼华夏。

后来，湖南卫视相继推出的《花儿与少年》《爸爸去哪儿》《真正男子汉》等真人秀节目，更是将娱乐风暴推向高潮。

另外值得一提的是，早在 1997 年，湖南卫视以象征鱼米之乡的芒果形标志为主体的频道包装系统就正式启用，这套系统是全国最早的频道包装系统，不仅获得第十三届广告界“中国媒体企划奖”金奖，更成为后来湖南卫视打造“快乐中国”、以娱乐旗舰抢滩电视受众疆域的重要标志。

……

回看湖南卫视多年来一串串闪亮的足迹，从它一系列的成功个案中，从它对电视化语汇运用的微观技术中，我们可以探寻到哪些规律呢？

下面我们将着重解构湖南卫视三个不同类型的节目，来看看电视表现语汇在其中的精彩演绎。

1.《天天向上》

2008 年开播的《天天向上》不是湖南卫视成功打造的第一档娱乐节目，但是笔者认为，节目在创意、运作流程中所体现出来的电视化表现着实具有独特的典型性和说服力。因此我们首先来解构这档栏目。

经过多轮提升，目前《天天向上》可以定位为以青少年为目标群体，以弘扬中华文化为核心内容，以励志为传播诉求，以偶像团队主持人为特征的大型礼仪公德脱口秀节目，每期 60 分钟。这一节目主要采用了以下电视化语汇。

（1）主持人符号

既然这是一档脱口秀节目，主持人符号就是节目信息传播的重要载体，而恰恰，栏目在主持人语汇的运用中显示了其独到的用心。

《天天向上》是国内首次使用男子偶像主持人团队（“天天兄弟”）。其主持形式毫无疑问成为节目最鲜明的亮点。对于这一超常规的表现形式，该栏目制片人用心良苦：“《天天向上》当初是湖南卫视为汪涵量身订制的，包括主持人群都是为汪涵搭配和帮衬的，每个人都有明确的定位和功能。欧弟以耍宝为主，因为汪涵年龄大了，身体上要不动了；田源用以吸引北方观众，在加盟《天天向上》之前他已是河北卫视的‘一哥’，据说是河北农民心中的偶像；钱枫通吃 16 岁到 60 岁的女性观众，他在节目中以弱者的形象出现，常被其他主持人欺负和调侃，其实是为了激发女性观众的母爱情结；浩二和小五走的是国际化路线。五个男人一台戏……”五位主持，各司其职，互为补充，合力强大。但笔者认为收效不仅如此，从传播学的角度来分析，主持人本身拥有大批粉丝，偶像的一切信息对于粉丝来说是无可抗拒的，撇开节目内容吸引人之外，由于主持人人数的增加，使得节目信息传播的受众成几何增长。同时，也是由于粉丝各有其主，在节目传播过程中还会不可回避地出现相互之间复杂的信息碰撞与发散，这更加强了信息流的强度和浓度。还有一点值得一提，节目中经常会对他们五位主持人的最新演艺活动进行宣传，比如汪涵出书、欧弟出碟、钱枫演戏，等等。我们不必把这些看作是“假公济私”，其实，更大的利益是传播者共同的利益，对他们个人信息的传播实际上就是对主持团队、对节目、对品牌的传播与宣传。

在播放的节目中，我们看到了针对不同受众选择的节目主持人群体的争奇斗艳，他们配合默契、妙语连珠，谈笑间使节目意旨得到精彩表达、完美呈现。这样，五位主持人在节目传播流程中真正起到了信息制造、引爆、复制、传播的主导作用，实现了制片人追求的“五个主持人一台戏”的策划效果。

2009 年 3 月，也就是《天天向上》开播半年后，新锐杂志《新周刊》将“中国 2008 年度最佳娱乐秀节目主持人”颁给了《天天向上》主持团队“天天兄弟”，这不仅是对各位主持人业务技巧和创新精神的肯定，也是对他们团体在受众市场的非凡影响力和传播力的肯定。

(2) 内容表现

作为一档青少年礼仪公德教育节目，在《天天向上》节目策划伊始，制片人这样表达他们的创作思路：“中国是千年礼仪之邦，要传播这样深厚的礼仪文化，让国民在娱乐嬉笑之余，感受中华传统美德的精髓并借此发扬光大。”这是节目策划深度的体现，也是节目策划的文化背景。在过去，我们在传播“文化主题”时，经常用到的电视表达方式是纪录片、专题片或者简单的专家学者访谈，而《天天向上》在文化内容的表达方式上，则完全启用了一种全新意义的手法。

《中华礼仪之美》是《天天向上》开播时策划的一组文教内容，它包含中华礼仪之见面礼、茶道、香道、吃饭、喝酒、穿衣、谈吐等众多文化信息，这些独特信息传播的诉求是既要让受众了解礼仪的清晰脉络，也要让受众直观感受礼仪的具体形式，同时又不能有说教的痕迹，易于让人领悟、接受、学习、模仿、传承。导演组为了充分实现传播的要求，打破了以往约定俗成的表现模式，站在受众乐于接受信息的角度综合使用了以下电视语汇：主持人串台、嘉宾访谈、小品情节演绎、表演再现、旁白解说、字幕、电视三维特技、动漫演绎、音效等。这使受众第一次在荧屏上看到了如此生动具体、诙谐幽默、短小精彩的教育内容。正是因为这种喜闻乐见的电视化表现手段，《天天向上》一经开播就很快名声大噪，收视率一跃而起。

也正是因为制作团队摸索出了一套行之有效的电视化表现手法，这个栏目在几年的运作中，其涵盖的内容、表达的主题基本上没有禁区，无论什么题材，它都可以用自己独特的语汇在荧屏上有效地表现出来，甚至一些相对枯燥的内容都能够很好地拿捏。

比如有一期节目是介绍学霸的励志故事，受邀的学霸大多出自清华北大，有的还是留学生，为了再现学霸的超常智力，节目现场设计了一个环节，在小黑板上排出我们观众当学生时可能都接触过的火柴棍加减法，当场请那些学霸们演算。当所有现场观众还没来得及看清题目时，学霸们已经说出了正确答案，全场哗然，估计荧屏前的受众也会对此惊叹不已。这样的现场效果和受众反应正好就是强有力的信息传播效率的真实写照。如果编导只是花时间去做个关于学霸的短片，拍些学习的画面，外加他们得的奖励再配上同学老师的同期声赞赏，你看过之后恐怕仍然不会直观地了解这些学霸的优秀。但看到节目中这个做题的环节，你对学霸还有什么不服的呢?

业界曾对《天天向上》这个节目有这样的评价:“《天天向上》之所以会得到观众的认可和业界的关注，自然要归功于它精彩的创意，然而在电视传播中，外在的形式创意很难保持长久的吸引力，观众内在感受的深刻与否才决定着电视节目的生存与发展。因此，有创意的电视节目在保证外在形式时常出新的基础上，更应即时剖析当下心态，用适当的内容激发受众共鸣，这样的节目才会具有持续发展的可能。”对于电视节目而言，内容和形式是不可分的整体，内容即形式，形式即内容，电视荧屏上的呈现根本就是承载着编导意图的内容加形式，没有电视化的表现形式就无法表达、承载内容，没有电视化的表现内容就不叫电视传播。我们经常说电视需要创意，这个“创意”实际上就是“把内容进行电视化表达的创意”，这些所谓创意实际上就是有利于传播的电视表现办法、手法、手段，而这，正是我们所指的电视化表现或者说电视化。

2.《超级女声》

2005年，上海《新民晚报》一篇题为《电视湘军启示录:娱乐，还是娱乐!》的文章开篇就有一句耐人寻味的断语:“2005年属于湖南卫视。”

这一年，湖南卫视连续创造了两个奇迹——“麻雀变凤凰”

的音乐综艺节目《超级女声》和收视节节飘红的女性励志剧《大长今》。

为这句断语做数据支撑的是由国家广电总局主办、中央电视台承办的首届全国电视台台长论坛发布的《中国电视台品牌建设与管理创新分析报告（2005—2006）》，报告首次对全国50个卫星频道进行了品牌排行，湖南卫视在榜上位居第四，是唯一跻身品牌频道十强的省级卫视。

全国卫星电视频道竞争力排名（2005—2006）

排　名	频道名称	竞争力
1	CCTV 1	58.3%
2	CCTV 2	41.7%
3	CCTV 3	35.8%
4	湖南卫视	28.0%

全国卫星电视频道栏目竞争力排名（2005—2006）

排名	频道名称	竞争力
1	CCTV 1	39.0%
2	CCTV 5	30.9%
3	CCTV 3	20.8%
4	CCTV 2	18.9%
4	湖南卫视	17.4%

全国卫星电视频道大型活动竞争力排名（2005—2006）

排名	频道名称	竞争力
1	CCTV 1	24.0%
2	湖南卫视	20.2%

看看《超级女声》的创作者是如何运用“互动”这一电视化表现语汇的：“我们刻意强调并广泛宣传第一轮选拔中的‘试音’概念，这样做的目的在于给所有人一个信号——我们可以提供给你上电视试试自己声音的机会，同时得到评委的现场指点。我们所有的设计尽可能地多为参与者着想，不收取任何费用，不在乎你是否科班出身、什么职业、什么年龄、唱什么、怎么唱，只要你想参加，我们就让你参加。”

心理学中，“互动交流”的先决条件是交流双方在一条水平线上，也就是说：让我和你互动，我首先要相信你，并且可以和你站在一起，我要有足够的便利参与到你的情境中来。节目的创作者正是以这样的理念搭建好了一个与大众互动的平台。

于是，在湖南卫视的屏幕上呈现了前所未有的互动故事：去菜市场买菜的大妈一时兴起拐进湖南电视台的演播室去唱了一首歌，然后高高兴兴地回家做饭去了；送孩子来玩一玩的父母忽然说干脆我也来一首吧；张三说我一直在澡堂唱歌唱得挺来劲，也去电视台唱一回；李四看见张三唱了，说他敢唱我有啥不敢。

制片人夏青道出了这场超级互动传播的真谛：“其实我们给大家机会的同时，也是在享用大家给我们的机会。”

在这场超级互动中，所有参与者成为了电视媒体零成本的生产要素之一，他们配合电视台生产了鲜活生动的内容。超女的海选过程实际就是一场受众自由展示的“秀”，各种精彩、各种个性、各种励志，甚至于各种“洋相”……可以说，参赛超女的“秀”实际上是电视台与参与受众互动共舞的“大秀”，海选的过程就是电视节目互动表现的所有有效内容，这种互动的背后还隐藏着更高层次、更大范围、更高含金量的“秀”。

参赛者招募过程中，媒体与报名者的互动体现在媒体搭建平台和信息传播通道上，实现在与参赛者的广泛互动中，到比赛的核心实施阶段，媒体更是打出了“一切权利属于大众”这样颇具煽动性的口号。“之后，短信投票、大众评审成为 21 世纪中国‘娱乐选秀’节目的一道特殊景观。”

从信息的制造和传播层面我们看到，来自全国不同年龄、职业、知识层次、地域的粉丝们怀揣着热切的向往，他们的心跟随节目的推进和喜爱选手的去留而动，除主流媒体以外，他们自发形成的个人媒体和团队媒体，是另一股巨大的信息洪流。粉丝的举动同时也成为节目的内容素材，从而与比赛内容形成新的互动，使娱乐信息再度发酵传播。从心理学层面来看，海选、复选及决选全过程的电视传播模式令受众见证了草根变明星的全过程，受众全程跟踪自己喜欢的选手，体验到亲手缔造偶像的感觉。他们对偶像倾注大量的热情，在心理上与偶像结成荣辱共担的亲密关系，忠诚的粉丝因此成为节目最可靠的支持力量和新的传播资源。

在这个成功的选秀节目中，引发受众参与的正是电视化表现手段——互动，它体现出来全新的意义：受众的参与实际上已经改变或者说制造、丰富了电视节目的内容。某种意义上说，受众同样拥有了“议程设置”的能力，传统的“信息授受传播”关系因此发生了巨大的变化。

当然，《超级女声》作为一档电视栏目远不可能只运用互动这一单一表现语汇，其宏观的赛事组织、评委发挥以及微观视频、文案、特技、主持人等语汇的运用也是精彩纷呈，但笔者以为，在这之中，最出色也最关键的还是“互动”语汇的运用。

3.《花儿与少年》

对于真人秀节目，业界的一般定义是：以电视传媒为介质，通过举办某一类别比赛、展示活动，以从多名参赛或参与选手中选取获胜者或真实展现其全程内容为目的，同时有着丰富的奖品，可以获得广泛的经济效益的电视节目。这类节目最早出现在二战时期的德国，当时希特勒为了政治宣传，在公共场所安置电视荧屏，除播放文艺、体育、教育节目以外，还制作播放了所谓的最早真人秀节目《家庭历险记：与德国人的一晚》，片子记录了一对德国雅利安族年轻夫妇的全部生活，目的是为其他德国公众做出榜样。同时播放过的另一档节目是对背叛纳粹的人执行死刑的真实记录。真人秀节目初期只是政治诉求的传声筒，随着社会的发展和人们日益丰富的精神、心理需求的凸显，真人秀节目在欧美风行起来，无论是最初的满足偷窥欲的节目《超级老大哥》，还是兼具励志意义的《幸存者》《飞黄腾达》，都成为真人秀成功运作的典范。在我国，这类节目于2012年开始繁荣，起初大部分都是借鉴欧美真人秀节目的模式。到2015年，据业界的不完全统计，国内各电视台的真人秀节目已经达到数十档，参加真人秀的人群几乎涵盖了各个年龄段的男女老少，节目内容涉及选美、励志、文艺、厨艺、学霸、旅游、演讲、求职、投资、环保甚至于“当妈”，而真人秀节目也是各大电视媒体创造奇高收视率的杀手锏。有人曾感慨说：“目前，真人秀节目已经成为主导中国人视觉消费习惯的‘中流砥柱’。”那么，从传播学的角度来看，这类节目走红有着哪些奥秘呢?

（1）视频语汇尽显真实魅力

纵观真人秀节目发端、发展的历史，我们首先可以十分明确地看到，它是以“真实”为前提的传播，不论这种“真实”满足了人们的偷窥欲还是平衡了人群的焦虑与不安，或是通过真实的记录拨开人性的面纱，赤裸展现了客观的社会现实，表现了人们内心的抗争与退避，其相对真实的信息比文艺表演、电视剧等电视传播都更能冲击受众的内心。因此我们首先要探讨的是最能凸显真实性的电视表现语汇——“视频”语汇。

作为一个24小时全程跟拍无死角的真人秀节目，连续两年推出的《花儿与少年》可谓是将真实性原则展现得淋漓尽致，从第一季节目中的‘少女心’许晴沦落街头午夜痛哭，到第二季节目中的‘火爆型’三姐宁静不满行程舌战团员，再加上明星全程自理没有经纪人照顾的疯狂之旅，节目都在无任何‘添加剂’的情况下将旅途的真实状况‘纯天然’地展现在了观众视野中。”这是一则《花儿与少年》官网上的受众评价。这档节目以明星7人旅游团的形式，制造一定程度的条件限制，真实记录行程中的全部进程，还原自然状态下人在困境、人际关系、情感、个性方面的真实表现。为了真实记录好这样的原生态信息，节目组不仅组织了上百人的制作团队随行，而且动用了直升飞机、飞行拍摄器、跟拍装置、暗拍装置、微型摄像装置等最新高科技设备，在整个行程中每位参加的明星配备单独的跟拍摄像师和导演，24小时不间断拍摄，共获得原始视频数千小时，最终编辑筛选出总共不到20个小时的节目呈现在受众面前。在节目里，我们可以看到参与者一些有意思的细微表情变化，一些意味深长的话语，一个手势、一个眼神、一声叹息，这是因为甚至在卧室这样的私密空间也装有不止一个机位的摄像装置，在运动器械上，在行进中的车上，在镜子后面都可能存在设备捕捉适时的影像素材，而这些，正是受众最好奇、最能引起共鸣的真实信息。

（2）互动：明星加盟聚合信息源

观察真人秀节目，我们会注意到，过去例如《运动向前冲》《非诚勿扰》《中国达人秀》《超级演说家》《中国红歌会》等都是招募一般平民参与。当时间来到2014年，真人秀节目有了升级版，如《急速中国》《真正男子汉》《如果爱》等明星加盟的超级秀。

《花儿与少年》这档节目一经出世就打上了明星的烙印，无论是第一季的郑佩佩、张凯丽、许晴、李菲儿、张翰、华晨宇还是第二季的毛阿敏、宁静、陈意涵、郑爽、井柏然、杨洋，他们都分别是不同年龄层受众喜爱的明星。话题女王、新生代“小鲜肉”的组合，撇开节目的内容，单是这些明星共同出现就会激起无数受众的猎奇欲望。在节目播放过程中，那些绮丽的山光水色，那些明星们鲜为人知的个性、微妙的人际关系，那些突发状况引发的个体反应，那些令人大跌眼镜的言行都成为节目吸引受众眼球的杀手锏。同时，明星们各自的公关团队、粉丝团队借势而动，推波助澜，使原本一个简单的旅行节目变成了社会娱乐生活中的热门话题。各种议论、争辩、褒贬放大了单纯节目的内容，形成了一个巨大的信息场，它们互相交织、深度发酵，实现了节目的信息聚合传播。在电视传播激烈竞争的今天，《花儿与少年》第二季有一期统计显示，该期节目收视率达 3.043%，收视份额占到 13.815%，而当晚收视排名第二的另一档非明星真人秀节目收视率只有 1.223%，收视份额为 4.446%。

在《花儿与少年》第二季节目运作过程中，制作者可谓将明星资源运用到了极致，比如，将井柏然的硬笔书法制作成电脑字体，许晴的独特个性成为故事演绎的矛盾激发点，郑爽与上一季明星张翰的昔日恋情也成为某些微妙情节的引爆点。总之，节目中处处存在引人入胜的信息源，这些信息源随时有可能放大为一个个传播话题。也许这就是所有的明星加盟节目实施信息强烈互动的传播意义。过去，在节目中举足轻重的主持人语汇，在这样的明星真人秀节目里似乎变得不那么重要。事实也是如此，《花儿与少年》这个节目没有设主持人，因为它根本不需要主持人。

2015 年第三季综艺节目曾号称："电视界将呈现'一线大咖集结加盟、小鲜肉成群结队'的综二代现象。"节目同质化的弊病在此暂且不论，仅从传播实践的角度来看，利用身为重磅信息源的大咖明星加盟互动，毫无疑问是电视传播中非常有效的表现语汇。

我们着重以湖南卫视三档有代表性的节目阐述了在娱乐文化语境之下，不同的电视化语汇在不同传播里的精彩运用，群体主持人的信息制造与裂变、互动语汇在传播关系里的重要作用以及以"真实"为核心的真人秀＋明星互动的成功传播，这些都说明：在不同的传播语境下，为实现不同的传播目标，面对不同的传播受众和诉求，如果科学运用好了各类电视化传播语汇，将直接提升传播的效率，从而实现传播目标。

二、凤凰卫视：精英文化语境下的电视化

1996年开播的凤凰卫视一开始就以锁定“大中华区”的概念确立了自己的传播角色，它以“开拓新视野、传播新感受、记录新生活、创造文化”为使命，实现了“拉近全世界华人的距离”的新闻理想，展示了打造有影响力的国际性传媒的雄心和气魄。

经过20年的发展，如今在受众的印象中，凤凰卫视是一个第一时间将新闻触角伸向世界大事件第一现场，并且向世界发出华人声音的权威信息平台。但是在其发展的初期，也就是1996年凤凰卫视开播之时，它的传播内容定位是“娱乐性、服务性、资讯性和不断增强的新闻性”。但是，运作一年之后，这个定位悄然发生了的变化。1997年初，凤凰卫视高层在经过激烈的争论之后，提出了自己对传播内容的全新定位：“尽管在世界上大多数地方，娱乐节目的确可能吸引和抓住观众，不过，在中国，新闻性的节目同样也能赢得观众。”

然而，一个全新的媒体，又面临着大陆对卫星电视的严格监管、台湾地区的本土媒体竞争和香港本土的语言障碍等挑战，它要赢得观众并不是一件容易的事情，但显然，它成功了。

凤凰卫视在运作初期，就深谙媒体与文化语境的关系，它探究媒体受众区域的文化特性，将“融合”作为其传播文化的核心理念，力求在意识形态上为全球华人建立一个文化的“认同的空间”（即信息传播通道或空间），从而实现以北方文化为主体的内地文化与南方港台文化的融合，中华文化与西方文化的交汇。这一理念实际上既是媒体宏观发展与生存的根本，也是运用微观媒

体运作技巧实现高效率传播的好方法。这正是笔者所探索的文化语境下电视化规律的又一成功案例，只不过，它与湖南卫视娱乐文化的定位不同，它的定位是“精英文化”。

对于为什么要定位于“精英文化”，凤凰卫视的掌舵人刘长乐做了这样的解释：“我们不会沉沦于现在这种贵族的、沙龙的、媚俗的电视文化，文化作品不能不强调深化功能，我们要引导社会追求崇高。”

在这文化定位之下，凤凰卫视为自己的受众定位时喊出了这样的口号：“影响有影响力的人。”对此他们有自己鲜明的思路和依据：国家收看境外电视的人群大多是科研、新闻、金融、教育等领域的高素质人才，高档宾馆的客源也非普通人群，同时驻地外宾也是以境外媒体作为参照的高端收视人群。另外，怀揣新闻理想的凤凰人其自身的价值取向决定了他们的精良品牌打造意识和高端的传播诉求。

根据这样的定位，凤凰卫视一方面力图从多侧面、多角度来展示中华文化的魅力，另一方面期望通过国际化排兵布阵来显示华人发声的强大实力。通过多层面、多角度的节目规划与设置，凤凰卫视很好地为精英受众打造了个性鲜明、格调高雅、形态丰富的传播内容并实现了目标人群的成功传播。

一个文化产品的产生和成熟，一个传媒的运作成功，一种传播语汇的成功运用，无疑与其所处的或者说所营造的文化语境息息相关，因为只有在特定的文化语境之下来探讨电视语汇的运用才是依源寻水，依根求木。

1. 《锵锵三人行》

从节目形态上来说，这档一位主持人和两位嘉宾“合聊”的节目，是一档“电视化程度”相对较低的节目。但是事实上，它就是以这种简单的形式打造了一个妙趣横生的传播窗口。这也是笔者为什么将其作为文化语境下电视化首个典型案例的原因。

我们看看节目的形式：除去节目主持人窦文涛和两位嘉宾，节目里几乎再也看不见任何其他我们常见的电视语汇的表现形式，如短片、转场、影像素材、三维特技、字幕等。但是，主持人语汇和互动语汇被它运用到了极致，这也是电视化表现在这个节目中最成功的实践。可以说，电视化语汇的运用在不同电视媒体平台上，在不同定位的节目中，在不同创作者的拿捏中将会呈现不同的组合和运用，也会收到不同的传播效果。

凤凰卫视在创立《锵锵三人行》这个节目之初，是取《左传》中“凤凰于飞，其鸣锵锵”之意，想把它做成一档新闻时评节目：“主持人与时事评论员一起针对当前的热点新闻事件进行探讨，特供分析预测并各抒己见。”但是经过窦文涛演绎之后，这档节目就变成了娱乐性极强的“另类新闻漫话节目”。

在节目中，主持人与嘉宾共同关注社会热点，讲述民间故事，注重大众话语，立足个人观点，无单一主题、无固定话题、无特定目的、无所顾忌、无准备、无结论。对此，窦文涛自己说：“我们的定位不求高度，只求广度；不求深度，只求温度；不求结论，只求趣味。”行内人士评价说：“在聊天过程中，主持人和嘉宾都是即兴发挥，是最真实最同步在线的聊天过程。其视觉表现因素非常单调，完全靠语言的魅力来吸引观众。这类节目的技术含量很小，但智慧含量极大，在电视节目中是最难的一种，关键在创意和主持人的文化素质与语言天赋。”

为什么以上评价中会说“这类节目的技术含量很小，但智慧含量极大”呢？因为在电视表现技术越来越发展的今天，为受众创造充满想象的视觉极限并不难，倒是不运用一点光怪陆离的炫彩视觉技术，而仅靠主持人语汇和互动语汇来达到传播目的，却需要极大的智慧。主持人表现和互动表现的技巧才是真正的大技巧。人际间的谈话其实是一种整体状态，是语言本身姿态、表情、动作及氛围等诸多因素的呈现和交流，而电视将人际传播和大众传播结合到了一起，生动地将“场”氛围传递给了节目中的谈话和屏幕前的受众。《锵锵三人行》中的窦文涛“更像一个热情的主人，遇上三五好友，随性而侃，语言轻松却逻辑缜密，把一些严肃的话题、论点、论据、论证、结论都化作大众经验与兴趣范畴之内的生活化表象”。

《锵锵三人行》这档节目几乎是目前华语电视节目中不可多得的将单一或极少量电视语汇组合运用到极致的成功案例，因为定位于精英文化的传播语境，它在选取话题、互动方式以及嘉宾方面颇费心思，其嘉宾与湖南卫视等其他媒体大量选用的平民嘉宾不同，他们几乎全部都是精英文化的代表者，因此完全可以实现从话题到谈话内容延展的高知化定位，也顺利实现了这个层面的信息传播。行内评价说：“《锵锵三人行》这种模式，可以说是对电视文化作为消费文化的产业确认，这种新颖的独创性、表述方式的轻松随和稀释了过于沉重的意义和过多的表象的文化含量，聚焦于都市文明的某种特定群落，让人们在心理愉悦的状态下享受审美的乐趣。”

2.《一虎一席谈》：互动创造强大信息场

凤凰卫视的另一档节目《一虎一席谈》在主持人与嘉宾互动

的电视化语汇表现方面同样具有鲜明的特色，不同的是它是主持人与更多嘉宾和现场观众的更大规模的互动，它通过更大、更激烈的群言信息场以及激烈的观点交锋和争辩，不仅显示了辩论的语言魅力，而且更加凸显了信息传播中非预设情境的突变和智慧碰撞，让受众在信息快速的撞击中享受冲浪的快感。

下面我们来看看凤凰卫视 2014 年 6 月 21 日播出的《一虎一席谈》。

解说：玉林荔枝狗肉节备受争议，民间饮食传统与现代文明理念引发道德拉锯战。最近一场抵制“6·21”狗肉节的活动，将广西玉林推上风口浪尖。动物权益保护组织曾指出，每年有上万条狗在狗肉节被屠杀。许多甚至被活活电死、烫死或者剥皮。广大网民和众多明星纷纷加入抵制阵营，发文讨伐，呼吁保护伴侣动物，拒食狗肉。但这些呼吁遭到当地网民针锋相对的辩驳，认为这只是民间习俗，况且法律并不禁止。

一边是磨刀霍霍即将开启狗肉火锅，一边是跪求、声讨，甚至堵车闯店。迫于舆论压力，广西玉林与狗字沾边的招牌、标志一律都被遮挡、涂抹、覆盖甚至铲除，并禁止当街宰狗。玉林狗肉节究竟是民俗还是舌尖上的罪恶?

胡释之（媒体评论员）：它这习俗没有侵犯任何人的人权，没有伤害任何人。

杨紫嫣（演员）：如果我们把屠杀变成一种节日的话，我觉得那是一种罪恶文化。

现场观众：人吃牛的奶，但没有一个人把牛叫妈。

解说：抗议狗肉节是否存在爱心软暴力？

善待（首善广东志愿者中心负责人）：这个屠宰场它现场在屠宰，当时已经拍有视频，我们绝对是依照律师的指引，去进行举报。

胡释之：狗，它是主人的财产，你要善待你的财产，善待你的宠物。也要善待他人的财产，他人作为食物的财产。

李伟民（北京伟博律师事务所主任）：每个公民有举报检举的权利，惩治发现罪犯，刑法规定有这个权利。它的前提是违法的，所以志愿者行动是正义的行为。

解说：《一虎一席谈》PK，狗肉节是不是舌尖上的罪恶？

（以上为节目片头部分，交代背景，提出焦点）

胡一虎：一虎一席谈。

一起：有话大家谈。

胡一虎：全球的华人您好，欢迎收看今天的《一虎一席谈》。今天很特别，今天是一个日子，广西玉林的狗肉节。但是这个狗肉节是不是应该在今天我们的大声疾呼下寿终正寝呢？一开始我请教我们场中央的四位嘉宾，第一个我要问善待一个问题，您觉得为了保护动物，是不是应该在这个事件当中，我们干脆就立法禁食狗肉？

善待：应该。

胡一虎：绝对的？

善待：是的。

胡一虎：用法律的手法来吗？

善待：是的。

梁伯均（玉林狗肉节调查记者）：我反对。

胡一虎：为什么反对？

梁伯均：我觉得这个是一个民俗的饮食的习惯。

胡一虎：这是一个饮食习惯，积习难改。很难改过来了。来，伟民。

李伟民：应该马上停止。

胡一虎：释之，你的看法呢？

胡释之：不可以，这是侵犯人权。

胡一虎：侵犯人权？

胡释之：对。

（主持人简单发问，答者观点对立，迅速制造 PK 情境）

胡一虎：您看，从一开始，当现场的嘉宾在 PK 的时候，场下也已经在 PK。这场 PK 到底是什么引起的，我们将首先把焦点聚在这里。您可以看到玉林在最近有很多的动作，引起国际国内的关切。我们看到了广西地区包括玉林地方政府决定，退出这次狗肉节，因为社会各界的舆论压力太大了。不断发出舆论压力的就是善待。善待，为什么这次舆论压力这么大？在过去你也发出过，但是这回压力是不是非常的大？

善待：是，我们感受到今年的压力了。

胡一虎：对。

善待：因为它在发酵了那么久后，大家开始关注了，然后引起了甚至是外国的一些华人的关注，所以目前呢我们也感受到，玉林政府已经采取了很多措施在调整。

胡一虎：你觉得为什么在这个时候要施加压力。为什么他们会退出呢？最主要的原因在哪里？就是舆论发挥的作用？

善待：最主要的其实是他们知道这是违法的。

胡一虎：认为这是违法的吗？

李伟民：是法律文明的进程到了这个时候了，就是说随着国际保护动物的呼声越来越高，也随着我们法制文明的进程越来越快，所以说今年的情况跟往年不一样。法律人起了很大的作用，法律人发挥了很大作用。

胡一虎：来，伯均，你三次去了玉林这个地方，你认同伟民的说法吗？说以前都没有发挥作用，现在终于达到作用，是因为法制文明，还有现在时间已经到了刻不容缓了？

梁伯均：我不认同这个观点，因为玉林官方曾经再三强调他们从来都没有举办过狗肉节。只是说这是民间的一个吃狗肉的习惯，而且就定在夏至那一天。这个地方其实吃狗肉的习俗已经很久了。

李伟民：习俗有很多，但并不是每一个习俗都要延续。比如旧社会有裹脚，但是现在社会不允许它存在。

胡一虎：我想请问一下胡释之的看法，释之来回应一下，释之请说，释之。

（敏感捕捉关于习俗的话题，引发微观讨论）

胡释之：我支持梁记者的观点，但是我跟他稍微不同。倒不是说因为它是个习俗就得尊重。我想如果说玉林人他习俗是偷狗吃或者说甚至是杀人吃，那这种习俗那肯定是恶俗，那就一定要制止。我为什么支持它这个习俗继续下去，就是因为它这个习俗没有侵犯任何人的人权。没有伤害任何人，只是他个人财产权的一个行使。

李伟民：这个不对，因为根据我国宪法，我国宪法已经明确规定，我们国家法律要保护环境和自然资源，也要保持社会可持续发展，包括每一个生物是这个自然界的每一个成分，这是其一。其二的话，中国的物权法包括侵权责任法都明确规定，动物在我们国家也是个人财产。你如果未经他们允许，把人家狗拉过去卖了，或者私自宰杀……

胡释之：这个偷换概念了，这个我是反对的。偷狗跟偷任何东西是一样的，跟偷我的钱包一样。

梁伯均：你刚才说到保护个人财产，如果这狗是他个人的呢？

（关于偷换概念的话题，捕捉到话题的趣味性和辩论的趣味性）

胡一虎：对。

李伟民：个人的话，这里我需要澄清。

梁伯均：那他吃它犯法吗？

李伟民：我的观点是根据目前法律规定，个人食狗肉目前我们国家法律没有明确禁止。比如说你家自己养条狗，你自己宰杀，你自己吃，那么风险自担，如果发生食品安全问题，你自己承担责任。但是一旦大面积经营，必须接受我国法律的相关监管。

胡一虎：来，等一下，我看场下的嘉宾们，场下嘉宾回答我这个问题，请看。我们现在所关心的就是玉林的地方政府到底有没有这个权责，它应不应该在这个时候来禁止任何人当街宰杀狗类，禁止向公众招徕狗肉生意。您觉得对此也想充分表达意见非说不可的。

（找到话题回归的切入口，迅速扩大讨论范围）

现场观众：我非常关爱小动物，但是我支持吃狗肉，我反对这个（政府管理）。

胡一虎：为什么，那你觉得它有这样的权责可以做这样的事情吗？

现场观众：它没有这样的权责。

胡一虎：没有这样的权责，来（示意下一个发言），谢谢。

（敏锐制造互动交锋）

现场观众：我认为政府是完全有权来禁止非法经营狗肉的。

胡一虎：而这个时候也应该展现它的责任。

现场观众：政府是有责任去引导公序良俗的。食用狗肉也本是无可厚非的，但是作为节日来举办的话，又会让更多的人理解到食狗肉是理所当然的事。那就有更多的人去食用狗肉，也就会有更多的狗被盗杀、被毒杀、被猎杀。所以这样的话呢……

胡一虎：这是他刚刚用语言来描述的，但是如果你把焦点放在我们这个画面所看的。您看到大家很多的媒体表达出来说狗肉节有好多，好几种罪，有什么日杀万只狗，残忍地宰杀，还有盗食宠物狗、非法交易、安全隐患，等等。说实话，当这样的照片在我的眼前我也是绝对不能忍受。但是，作为一个新闻媒体，一定要问的一句话就是这是不是确实的，这是不是实情。伯均，你所看到的这是不是实情？

（抓住机会敏锐转换话题，利用视频信息拓展内容）

梁伯均：日杀万狗呢，我不知道媒体是从哪里来的这个数据。但是呢，根据我的了解，在目前的玉林市区里面呢，大概就是30个档口是卖狗肉的。那如果是日杀万狗的话，起码每个档口要杀300条。但是我掌握的数据，他们每个也就是杀10到20条。

胡一虎：但是这样的镜头，不会是捏造的吧，这是确实的吧？

（追寻真相，寻求证据）

梁伯均：这些是真实的，但是呢，就是说只是拍摄者他专门选取这种镜头来呈现在大家的面前。所以大家一看到这镜头就觉得这个……

李伟民：真实的。

善待：这是真实的。

李伟民：对，前两次前往玉林，我自行拍了很多照片，还自行前往没有屠宰许可证、没有经营许可证的场所。

胡一虎：还有比这更残忍的？

李伟民：比这还残忍，当场宰杀，当场留下很多非常恶心的东西。

胡一虎：对，伯均，难道伟民说的不是事实吗？你去采访和调查过程当中没有听到这样的声音吗？

梁伯均：我说了，这个是事实。

胡一虎：这是事实。

梁伯均：但是这个一般都是发生在早几年。

胡一虎：对。

梁伯均：但从2013年到2014年，尤其是2014年呢，就是说玉林市政府它已经加强了这个管理，所以像这种照片现在是看不到的。

李伟民：那刚好承认管理是对的了。这个刚好回答了刚才的问题，政府查封那些现场包括政府下文件，包括把“狗”字遮起来，那就证明管理是对的了。所以说政府作为了，所以观点跟我们一致了。

（又一个观点得到确认）

胡一虎：来，善待请说，善待。

善待：我很想邀请梁记者跟我再走一趟玉林，因为我明天会再杀回去玉林。我要介绍给你看，在玉林有100多家屠宰厂，其中有一家被我们取缔了，他们是每天杀宰，杀宰那个狗猫是300只以上的。

胡一虎：释之，从你的角度来讲，这个狗肉节当中，既然有这样的画面，还包括伟民也说，还有比它更残忍的情况在里面。但事实上，伯均他去调查的时候看到的是另外一种情形，难道狗肉节是被大家黑了吗，是被大家污蔑了吗？

（开启话题的另一个层面，增强信息的丰富性）

胡释之：如果不是爱狗人士把这些照片公布出来，其实我这种人都不知道有玉林狗肉节的。包括像这种照片自己其实也不会去看的，你吃狗就行，你看这些残忍照片干什么。这不是重点，吃任何动物我想都有这种残忍的画面出现。

胡一虎：都有这种残忍的。

胡释之：这里唯一要讨论的一个重点就是说盗食宠物狗这

点，我想说盗食任何东西都一样，都是应该法律制止的。

李伟民：它不单是法律制止，还有要负责任的问题。如果数额达到较大的话，要根据我国刑法承担盗窃罪，还要承担刑事责任的抢劫罪。还有另外一种情况，如果宰杀狗没有经营许可证，也没有合法的卫生检疫，那可能个别狗，如果是投毒所来的话，可能涉嫌销售有毒有害食品罪，同样要承担刑责。

胡一虎：来，请释之，释之回应。释之来回应。

（主动组织辩论的气氛和话题的交锋）

胡释之：那杀猪是不是也要这样子处理。

李伟民：杀猪是可以，但是你在这儿有一个常识问题。

胡释之：投毒杀猪。

李伟民：我们国家对猪肉检疫有严格的程序。

胡释之：这跟狗没有关系嘛，对不对。

李伟民：有定点的宰杀厂，还有定点的检疫部门。

胡一虎：伟民稍等，来，伯均请，请回应。

（打断无意义的争论，调整话题走向）

梁伯均：但是你所说的，偷盗的狗在这个玉林狗肉节里面它占的比例有多少，你那个数据有没有？而且这个数据从哪里来，你是怎么调查过来的？

李伟民：我可以依据法律推理，第一，你没有一家合格的饲养场。第二，你没有一家合格的狗肉屠宰点，那请问这么多奸商所卖的狗肉，从何而来，这是一个法律推理。

胡一虎：来，场下嘉宾，场下嘉宾你想表达你的意见，你非说不可的，请说。

（微观争论结束，充分利用现场观众，迅速组织下一个层面的讨论）

现场观众：咱们现在一直在纠结的是这个狗肉它的来源的问题，但是狗肉的来源合法与否并不影响狗肉节可不可以继续举办。如果狗肉节可以，那我们要做的就是加强监管，去把这个狗肉生产的来源肃清。就要避免出现这种宠物狗，这种别人家的小动物被人偷了盗了、被杀掉的情况出现。

胡一虎：好，谢谢。

现场观众：在上古时期，人类都是茹毛饮血的，是吧？现在社会已经发展到这种程度了，文明进步了，人类发展了。那么现在这个（禁食狗肉）是一个文明的趋势。

胡一虎：好，谢谢。

现场观众：我支持这个狗肉节，就是律师说的这个。

胡一虎：你以前有听过狗肉节吗？

现场观众：没有。

胡一虎：为什么你支持狗肉节？

现场观众：因为这个吧，就是我喜欢吃，我也没伤害到别人的权利。然后你不喜欢，但是你也不能反对我吃。

胡一虎：你觉得，不管是狗肉、鸡肉、鸭肉都是同等待遇。

现场观众：对。

胡一虎：是不是，这是你的看法？

现场观众：对。人吃牛的奶，但没有一个人把牛叫妈。

李伟民：肯定是不对的。我国宪法规定很清楚，当一个公民在行使自己的自由和权利的时候，你吃狗肉是你个人自由。但是当你吃狗肉的个人自由侵害到国家公共利益，侵害到他人人身健康的时候，你个人自由是受限的。举个例子，在2003年的时候，非典期间吃果子狸造成非典全球爆发，你说你还能再吃吗？

胡一虎：谢谢伟民做的法律补充。来，释之，简单一分钟回应。

（再次敏锐捕捉话题的争锋点）

胡释之：我理解伟民的意思，就是说你不反对办狗肉节。

李伟民：我反对，它违法。

胡释之：不是，你不反对办猪肉节，你只是反对办狗肉节。原因不是因为爱狗，只是说狗没有证而已，对不对？

李伟民：没有人办（猪）肉节，你假设不成立。

胡释之：你是因为爱狗还是爱法律，爱证，爱狗证。你是爱狗还是爱狗证？

李伟民：我爱狗，我同时也爱法律。我相信法律是有效的，我相信法律大家都要遵守。举个例子，在2011年，在中国的浙江金华，也有类似的狗肉节。

胡一虎：对，没错。

李伟民：但是为什么大家可以取消它，一夜之间让它消失。

胡释之：为什么？

李伟民：原因就是浙江省当地人民政府，执行了我们国家相关法律和管理规范。

胡一虎：等一下，他刚刚讲了他说的是2011年，的确，这我也查了相关资料。浙江金华的湖头狗肉节，当时2011年也在地方的果断处理之下因此而终结了。如果说那边都可以做到，这边难道不行吗?

(恰到好处进行背景信息补充，支持了禁食狗肉的观点)

梁伯均：是，金华狗肉节确实是当地政府主导的，所以呢，当地的镇政府它退出了这个主办，然后呢，它叫停这个狗肉节。这个性质跟现在玉林这个狗肉节完全是不一样的。

胡一虎：不一样在哪里?

梁伯均：我们要搞清楚，第一点就是玉林政府已经明确表态没有主办这个狗肉节。第二现在我们讨论的是吃狗肉还是狗肉节的问题，我们要清楚这两个概念。

胡一虎：你看看，大家看这个画面，一个节日为什么造成大家这样针锋相对。到底真正的核心点在哪里?你赞成跟反对的原因是什么?蓝色衣服的，就是你，请说。

现场观众：我是赞同这个吃狗肉的。

胡一虎：为什么，因为你经常吃?你只是把它当成一种食物?

现场观众：不是。

胡一虎：你有养狗吗?

(引导性提问)

现场观众：养。

胡一虎：你养狗?

现场观众：我从小就养狗。

胡一虎：从小就养狗，但是你吃狗肉的时候是可以把这个精神分开的?

现场观众：对对。我养的狗是自己的宠物，我吃的是一种食品。

胡一虎:你把它当成食品。

现场观众:这位律师刚才也说了,它说所有的法律相关的文件都说是以食品的形式进行要求的。

胡一虎:好。

现场观众:如果这个狗肉渠道正确,进行了检疫,是不是可以进行食用?

胡一虎:来,等一下,善待,善待来回应,你能够接受这样子吗?

(及时控制讨论的方向,调整讨论重心,把控辩论节奏)

善待:我不能接受。

胡一虎:不能接受,等一下,还有一位娘娘听到了你刚刚这句话之后,她要来到现场挑战你。她说你养了狗,就不可以吃狗肉哦。休息片刻,回到现场,到底是哪个娘娘呢,待会儿见,谢谢。

胡一虎:欢迎回到《一虎一席谈》的现场,今天有一位特别的嘉宾来到现场。今天有很多的戏,其实她要扎戏的,但是今天戏都不演了。就是要来到我们现场,来捍卫她所坚持的理念。在我左手边您将看到的就是《甄嬛传》的敬妃扮演者杨紫嫣,欢迎紫嫣来到现场。紫嫣刚刚在我们场外休息,但是一看到这位小伙子说我是养狗的,但是我照样吃狗肉,这位娘娘气得冲到我们现场来。为什么反对他的看法?

杨紫嫣:其实我真的觉得中国有五千年的文明,我们动不动就说泱泱大国礼仪之邦,我们的文化如何如何,我们吃的每一种动物、每个生命我们都要怀有感恩之心。上天有好生之德，我们是不是要感恩我们吃的所有的动物，那么猫和狗是什么，是灵魂伴侣。我们对它们应尊重和爱护，对不对？还有一点，所有的屠杀是什么？是一种自私和欲望的产物。还有，如果我们把屠杀变成一种节日的话，我觉得那是一种罪恶文化。

胡一虎：稍等，稍等，稍等。紫嫣，我先问一下，你身旁有没有人吃狗肉的，有没有？

（控制嘉宾谈话节奏）

杨紫嫣：我见过有人吃狗肉。

胡一虎：你见到你会是什么反应？

杨紫嫣：吃狗肉我觉得是一个个人习惯，OK，我不去改变他，我尊重他。但是我觉得这是一个错误的价值观。以前我们是食物匮乏，我们吃这些动物，没关系，我们要为了维持我们的生命。但是现在不一样了，我们的生活条件很好，我们为什么要吃它们呢。我想告诉你们这是陋俗，不是民俗。

胡一虎：所以特别强调一点，时代在改变，紫嫣，你看这个话题当中你说了实话。奇怪，许多的明星在这个时刻来抵制玉林狗肉节，其实有好多的活动我们不管说你冠以公益也罢，或者其他的活动也罢，为什么大家这次串联出来，为什么大家跳出来。真正为了是什么，你的解读是什么？为什么这件事情许多人都跳出来，来抵制呢？

杨紫嫣：其实这是一个文明的象征。

胡一虎：这是文明的象征。

杨紫嫣：这是文明的象征。

李伟民：法律正义。

善待：法制社会的象征。

李伟民：文明发展的需要。

杨紫嫣：文明社会发展的必然需要。

胡一虎：真是如此吗？来，释之，等一下，释之，在你眼里，你看到的是什么？

（挑起争议）

胡释之：他们这个就是作秀呗。

李伟民：不要人身攻击，我想告诉你……

胡一虎：稍等一下，回到我这里来，这边这位等了很久。来，请说。

现场观众：我觉得在吃狗和不吃狗这个分歧上是最根本的。什么这个食品安全啦，什么非法合法的这个屠宰啦，这都是次要的。主要的分歧我觉得就是愿意吃狗还是反对吃狗。有一个通行的说法就是狗是人类的朋友，错，狗只是它的主人的朋友，而不是全人类的朋友。再一个……

胡一虎：等一下，等一下。

现场观众：听我说完，第二个是爱狗就是有爱心的表现吗，也是错的，爱狗之心……

善待：不，这是你说的。

现场观众：听我说完，爱狗之心……

胡一虎：善待，你善待他一下。

（把控谈话内容和节奏）

现场观众：爱的是什么，爱的是那个玩具，爱的是那个财产，跟无私的爱是不一样的。比如说这个汶川地震的时候，那么多人捐款，其中有很多人是不吃狗的，有很多人是吃狗的，你能说谁有爱心，谁没有爱心吗？

胡一虎：好，谢谢，谢谢，请坐。

善待：先让我说。

胡一虎：等一下，等一下。我先请伟民，你先回答，请。

（调整话题走向，回避无意义的争执）

李伟民：我在这里一再强调说，本问题讨论的是不是吃和不吃的自由问题。我一再发表我的观点，吃狗肉是自由，按目前法律框架来说是自由，如果说你在自己家吃狗肉或者如果是宰杀按现有法律是可以的，我并没有反对。但是我一再强调大量的狗被宰杀，大量的狗以经营行为存在的时候，这是法律所禁止的。我们要回到这个框架下来讨论。

善待：在6月9日有一个报道说10名人士取缔了一个屠宰场。其实这个屠宰场的场主他是逃逸的，因为他手上拿不到证，后来他花了大半年的时间，他手上冒出了一张证。这个证呢其实已经废了。他这张是违反农业部的手续上的要求开出来的证。然后农业部已经责令安徽和湖北这两个开证的单位，就是一个县级的一个动物检所出了一个通报，涉及开证的四名兽医已经被通报批评和处罚。那就证明现在玉林市所有的证都是违法的。现在全玉林的狗肉经营都是无证的，都是违法的。

胡一虎：好，谢谢，停。来，伯均一分钟回应，请说。

（平衡争论信息场，充分释放辩论资源和趣味性）

梁伯均：我没有看到这个通报内容，我不知道这个通报内容的真假。这个档主他是没有办法去分辨究竟这个当地政府出的(证明)是假的还是真的。但是他看到这个确确实实是政府出具的证明。而且呢,他拿了工商营业执照,他按章纳税,他也是依法经营的。而且说到6月9号,当时的10多名志愿者他们去到这个屠宰场,然后就破门而入,这个本身就是一种冲破法律底线的行为。

胡一虎:好的,这边请紫嫣来看个镜头,我们看到明星出来反对是文明的表现,但是我们也看到了,志愿者救狗查证,跟玉林的狗肉摊贩起了冲突,还有爱狗人士到现场举行超度。有人觉得最后起了冲突,应该是两败俱伤,为什么?你做你的事情,他吃他的狗肉,你不让他吃,他在地下吃,所以用这样的方式,会不会觉得志愿者的行为有点过激,造成了反作用?

(再一次补充背景信息,调整话题的深度和广度)

杨紫嫣:我觉得效果是相互的,因为本身你是一个吃狗肉的,而且你的习俗里面有吃狗肉这个,你去做调查,那你就有失公允,带着偏见去的。像这个也是因为可能现场太残忍,再加上明明只是一个个人习惯,要把它办成节日,这个就是反效果,确实有过激行为。

善待:我说明一下,我是参与的,全过程里面有8个媒体在全程拍摄,去了两个屠宰场,都有屠宰行为,我们绝对是依照律师的指引进行举报的。

胡一虎:我觉得两方面出现这样的情况是对立的,我希望改变这样的情况,用这样的方法,你用这样的劝导,最后是不是起到了反效果,释之来做补充。

胡释之：我想这个超度的效果是不违法的，不干预摊贩的生意是可以的，这是你的个人自由，表达素食主义也好，不吃狗肉也好都可以。但如果与摊贩起冲突，那就是不文明的行为，不善待人……

善待：我反对，绝对反对。

胡一虎：稍等，请他讲完。

胡释之：开头我认为大家都有法律至上主义，动不动拿法律来说。李律师，法律是为了什么？干什么用的？如果法律说大家不能说话。你是不是也赞同法律？如果说不准吃饭你也特赞同？那不对啊！法律上面本身有更高的自然法。

李伟民：因为我当时在现场，我有发言权，第一是事实上的发言权，第二个是法律方面的发言权。我们国家的法律包括全世界的法律的共同原则是，当发现违法犯罪的时候每个公民有举报检举的权利，甚至发现罪犯，他的前提是违法的，所以志愿者行动是正义的。

梁伯均：我想补充一下，作为一个公民，当你发现这个行为，你完全可以通过报警的方式，由警察来处理。

善待：请问你怎么知道我们没有报警？

梁伯均：我知道你报警了，但你出手来禁止这个情况，假如他们对持有的狗都是合法的呢？你去放狗你去砸门，你觉得这个是法律允许的么？

善待：我们没有砸门，我们只是举报。警察在场。

梁伯均：从图片看有没有砸门我不知道。

善待：不知道就不要乱说。

胡一虎:必须打断你们两个,马上连线到玉林现场的李先生。

李先生你好,我们在北京特别关心玉林的狗肉节,节目播出的同时也就是玉林狗肉节,请问今年的狗肉节还进行的顺利吗?

(终止无意义的辩论,增加讨论角色,补充新鲜信息)

李先生:我们这边狗肉节的话只能说是外界或媒体说的,我们这边是夏季的一个习俗而已。你透过媒体听到反对意见的时候能不能如实地告诉我,会不会觉得这个是个陋习,是不是应该要革除这样的陋习呢?如果要把我们这个习俗称为陋习的话,中国很多习俗也是陋习,比方说,我们吃个狗肉,农村每家每户都会养一些肉狗。那么你说我们自己养的我们吃自己的东西怎么成为陋习了?

胡一虎:现在你吃有压力么?

李先生:我不吃狗肉。

胡一虎:你不吃?

李先生:我吃狗肉。

胡一虎:到底吃还是不吃?

李先生:我吃。

胡一虎:看到现在的压力你还吃么?

李先生:我吃狗肉还会继续,我是吃一点。

胡一虎:李先生,你有没有觉得反对吃狗肉跟抵制吃狗肉的人,他们的话是不是有点道理的?

李先生:有,目前国家还没有相应的法律禁止吃狗肉,它毕竟是六畜之一。

胡一虎：所以，你的意思是法律上没有禁止是不是？

李先生：对，法律没有禁止。

胡一虎：所以，除非法律禁止，你才会不吃对吧？你是守法的，我也是很重视习俗的，李先生对么？

李先生：对。

胡一虎：而这个习俗可能是有碍文明的，有碍国家形象的，但是你觉得对你来说这都不是重点，是这样么？

李先生：我觉这个和文明怎么扯上关系呢！

胡一虎：机会来了，等下，我现在请一位现场跟你沟通下，看你有没有办法说服他？

（层层递进的提问，开启下一层面的讨论，引进谈话新角度）

杨紫嫣：李先生可能你认为吃狗肉对于你们来说是风俗，作为个人我也无法反对。但是如果你们当地把它作为一种节日，以经济利益的结构来绑架它的话，这确实是不好，而且也有损你们当地人的形象。

李先生：我不认同她的说法，我不知道她所说的节日是从哪方面得到的依据。

杨紫嫣：因为关于你们的所有报道都说玉林有狗肉节。

李先生：你只看到报道，你看到玉林人民的心声了没有？

胡一虎：很多媒体报道了你们玉林狗肉节的很多细节，你觉得都不是实情？按民俗，狗肉在我们当地就是一种很普遍的食物，夏至只有一天，并不是每天都有人吃。包括我。

李先生：我喜欢吃我也爱狗，我家里养了三条狗，你叫我宰掉我家的狗绝对是不可能也不允许。可以吃别人的，我可以和别人家交换，卖出去再买回来。

胡一虎：好的，谢谢李先生。

李先生：主持人，我也有个问题问这位明星，你觉得吃狗肉是陋习，那388元的鱼翅是不是陋习？

杨紫嫣：像日本捕鲸我是极力反对的，这绝对是残忍文化，包括中国人吃鱼翅也是陋习，这是饮食文化中的糟粕，我只想说，鱼翅是不能吃的，含铅很多。

李先生：那你能不能也到鱼翅店里抵制他们一下？能不能举着牌来骚扰下正当经商的饭店？

胡一虎：我明白李先生的意思，可是现在国际上的潮流是，100多个国家都希望鼓吹提倡不要吃狗肉，它是有违国际潮流和文明的，可是到现在为止你并不觉得这个是可以接受的理由。看哪位能说服他？

（迅速调整话题走向）

现场观众：吃和不吃狗肉都是个人行为，但你这个狗肉节促使民众杀戮狗，就不是好习惯，何况老子也说过，“不贵难得之货，使民不为盗”，你把这个狗肉节弄得让别人都觉得有很大的利益驱使他去做，这样可能会导致很多宠物狗被偷被杀。

胡一虎：副作用一直产生。

李先生：你为什么确定我们这样，宠物狗有多少分量？你为什么不来到我家里看看？

胡一虎：打断下李先生，其实现在到核心点了，如果大家纠结在宠物狗，宠物狗你也反对的？谁有数据说一下？

李先生：如果把全国宠物狗被偷的责任都算在玉林身上是不

公平的。

现场观众：不是说宠物狗都在玉林，只是说你这个示范效应非常差。

胡一虎：是的，掌声鼓励！谢谢，从头至尾你都没有受影响是吧？只有政府禁止你才会不吃？对不对？

李先生：对。

胡一虎：这次这个争议引起很多人讨论，我们来看看其他地方，比如说香港出台《猫狗条理》，屠宰狗、食用猫狗肉最大的惩罚是监禁6个月，罚款5000港币。在台湾，2001年也就是13年前就开始，杀狗卖狗肉都是非法的，食用狗肉目前没有重罚，但至少有道德谴责的。香港可以做到，那你们觉不觉得我们应该向香港学习？赞不赞成？

（加进新信息，提升讨论的力度）

现场观众：赞成。

胡一虎：觉得时机成熟了么？

杨紫嫣：需要一两年推动，用其他沟通没用，只有用法律。

李伟民：赞成，我们在6月15号有几十位法律专家参与讨论，法律草案都已经形成，关于反虐待动物保护法，我们将加快立法脚步。

胡一虎：释之觉得可能么？

胡释之：我反对，法律本身要有合理性，法律不是自身的合理，它是有合理性大家才尊重，举个例子，希特勒把犹太人赶进集中营，也是依法干的，你认为他依法干的事情就对么？

梁伯均：我觉得出台这个要有一个比较长的论证过程，它有一个饮食习惯，南北的饮食习惯是不同的。

胡一虎：香港的广东人很多啊。

胡释之：香港它受的外来文化影响多，它地方比较小，不像内地，内地人比较多。

现场观众：刚才大家的争论里面说吃猪不犯法吃狗犯法，请问你们小区里面有多少人把猪当宠物？有多少把狗当宠物？我反对释之先生反驳伟民律师说不能用法律来推动，我想正是因为道德无法推动我们才要用法律，法律会带领我们走得更坚定。

李伟民：法律是最低的道德。

现场观众：如果说不许吃狗肉是因为虐杀，那么我虐杀猪行不？不行？虐杀鸭子行不？不行。可是有人反对吃烤鸭么？北京烤鸭，填鸭，直接把管子伸到鸭的胃里面，没人反对，没见过举牌子反对吃烤鸭的，律师说从法律角度这些没有，好，现在国家立法，吃狗肉合法，当然要规定，你饲养狗的标准。就像养猪一样，把它办成大规模肉狗饲养场，我正规吃，毒死的我不吃。

现场观众：现在有缉毒犬、导盲犬，如果有些人说狗不是我们的朋友的话，它是为我们人类谋福利的，如果我们把它都吃掉的话，毒品泛滥谁来帮我们缉毒，小孩生出来是盲人的话谁来为他（她）导盲？

现场观众：这在偷换概念，我觉得可笑，那鸭子在抗日战争时期还被用来放哨，鸭子是功臣，那我们为什么还要吃鸭子？我们吃猪，豪猪是国家保护动物，我不吃豪猪我吃食用猪行不行？

（扩大信息范围，提供辩论证据）

胡一虎：欢迎回到现场，一谈到吃狗肉，有人讲会影响到国际形象，其实这方面有前车之鉴，欢迎来自韩国的崔先生。

崔先生：我是从小的时候爸爸给我吃狗肉，开始不知道，吃完不反感，觉得好吃，后来家里养了 5 只狗，我就不吃了，但爸爸吃，他认为吃狗肉对身体好。

胡一虎：在韩国很多人都这样吧？

崔先生：是的，韩国是个农业国家，那时候穷，猪肉牛肉都价格高，狗肉低价格，韩国也有三伏节，富贵的家里除了猪牛以外还有狗，最热时吃狗肉，以提高身体的营养。

胡一虎：说明你一直有这个观念，吃狗肉能强身健体，那听说你和太太为这事闹过矛盾？

崔先生：是的，她不吃，她不让我吃，现在我也不吃了，为减少矛盾。

胡一虎：你是因为家庭，但你骨子里还是跟玉林李先生一样的，你不觉得不吃狗肉是文明的象征么？

崔先生：现在支持。

胡一虎：不是因为老婆？

崔先生：不是，现在和西方交流越来越频繁。

胡一虎：考虑国际形象啊，看，外国人一提狗肉天国，想到的是韩国，韩国每年吃掉 200 万只狗，狗肉销售额达到 1.5 万亿韩元。1984 年韩国把狗肉归结为不洁食物，狗肉是被取缔的，但没有认真执行；1988 年汉城奥运会举办之前，受到韩国动物保护组织的强烈抵制，当时政府采取了比较折中的方式，繁华地段路边的狗肉馆迁移；接着，2001 年，当地政府宣布将不会有更大的力度控制狗肉在世界杯期间出售；2008 年，首尔政府宣称国家将把狗列为合法家畜，重新引起对食用狗肉问题的辩论。这个话题在邻国看，也是反反复复在争吵，一直没有定论。

（增加信息量）

崔先生：是的，我昨天给韩国政府管这个的机关挂电话了，说我明天去一个中国节目讨论，你给我一个准确的回答，是合法还是不合法？他说，没有什么结论。

胡一虎：而我们现在争论却越来越激烈，现在已经是2014年了，中国还有狗肉节，是不是有损中国的形象？赞成的请举手。看，现场大部分都是赞成的，当然也有反对的。

现场观众：我觉得取缔狗肉节才会影响中国的形象，中国现在要建立的是什么形象？就是尊重个人自由。

胡释之：如果国家肆意侵犯大家吃狗肉的权利和商家的权利，这是毁形象的事。

梁伯均：我觉得吃狗肉还是要尊重个人的选择，而不是通过行政手段强硬地取消。提倡文明屠宰、文明就餐是一个时代的潮流，但每个人可以在法律允许下自由选择。

现场观众：我们从小在老师教育下要尊重生命、珍爱生命，要与大自然和谐共处，狗肉节这种严重损害了中国的国际形象，而且他们采取虐杀、残暴、偷盗行为，是可耻的行为，从食品安全角度说，也对人类的生命构成威胁。

现场观众：我补充两点。第一是道德层面，在人类发展的历史中，狗是唯一不是因为被食用而圈养的动物，它一直在陪伴人类并保护人类的生命。它们用什么来保护人类的生命？它们往往是用献出自己生命的方式保护人类，所以这样的朋友，你拿起刀来杀它，是什么样的道德观？如果一个地区一个民族以杀狗作为自己的标牌，那么它在全世界反对虐杀狗的人群当中会是一个什么样的形象？第二个层面就是教育层面，如果这个地方的孩子天天看到的是杀戮，去肆意地掠夺生命，那么将来对他的人格、个性、道德观的形成是不是会有长远的不良影响？

胡一虎：谢谢。

现场观众：来节目之前我并没有明确的观点，我现在就有明确的观点了。李先生自己养了3条狗，他自己是不会吃自己的狗的，他吃的是别人的狗，他有没有想过，他吃狗的时候，这些狗的主人是什么心情？所以我觉得吃狗就是不文明的现象，应该取缔。

李伟民：第一，吃狗肉是个人自由，但经营狗肉绝对违法。第二，到现在为止没有一家合法的狗肉饲养厂和屠宰场，请问狗肉能合法么？所以综合上面的几点理由，结合国际先进经验，我们呼吁国家相关的动物保护法和反虐待动物保护法在必要时候尽快出台，这样吃狗肉就属于违法。

胡一虎：谢谢，释之。

胡释之：我想强调，狗是主人的财产，要善待你的财产，也要善待他人的财产，要让狗肉交易更阳光化、合法化、公开化，那些偷盗的产业链才会萎缩灭亡。

善待：跟大家公布一个数字，运进玉林的活狗平均每天是一车，夏至和冬季更是翻倍。请问不是黑色产业链怎么可能有那么多来源，所以希望通过法律，把这些黑色产业链剔除在中国版图之外。

杨紫嫣：我觉得任何一个以屠杀动物为内容的节日都是文明的罪恶。

胡一虎：谢谢所有嘉宾表达自己的看法，今天确实是一个特殊的日子，我相信今天在玉林一定呈现出两种不同的声音，但是无论如何，各位都希望将心比心，互相尊重，尊重自己，尊重动物，这是我们该学习的，这就是文明向前走的最好精神。谢谢收看，再见。

笔者之所以将整个节目文案全文引用到这里，正是因为这个节目在运用电视表现的主持人及互动语汇时已经达到登峰造极的程度，甚至于少数受众在对话题背景不是很了解的情况下，光看视频都会觉得节目的进程过快、节奏过于跳跃、气氛过于紧张、信息过于丰富，让你在守候的45分钟里对信息应接不暇。但如果你是相对高端的受众，也就是凤凰卫视目标定位的“精英人群”，那就会叫好连连。从节目制作技巧来说，其主题的巧妙、热烈的辩论、机敏的转承、层面的丰富、观点的碰撞以至于结论的得出，其信息传播的呈现简直是百转千回、水到渠成。

这样的节目其前期操作难度相当大，话题的选择、嘉宾的选择、现场观众的选择、谈论层次的设置、主持人现场控制能力、后期编辑整合能力等，都有一定的要求，它是整个节目生产团队水准的整体体现，其最终则是节目现场的主持人语汇和互动语汇的核心展现。可以说，电视化的微观技巧发展到今天，其实已经远远超越了节目的简单的一两个环节，包括了前期节目定位、主题创意、生产实施甚至于播后的品牌维护延展等，它是一项不折不扣的系统工程，而它最终的诉求是传播过程的精彩呈现。

精英文化语境下，我们探讨凤凰传媒媒体产品的独特电视化表现，指的当然不仅仅是以上两档重点研究的栏目，我们可以显而易见地看到，当一个电视传媒在确定了自己的媒体定位、文化定位、市场定位、受众定位、内容定位、风格定位等一切因素之后，其电视节目生产及传播的奥秘就马上显现为使用怎样的传播语汇来实现传播产品对市场的有效占领和信息对于受众的有效抵达。因此我们纵观凤凰卫视全媒体的运作可以看到：同样是节目主持人，其选择的原则是高深的学历及独特的教育背景和从业背景，在它们的荧屏上经常出现的不是过分时尚前卫靓丽的俊男美女，而是气质沉稳、内涵深厚甚至是疲惫、忧虑、沉重气质的主持人。区别于其他电视媒体，凤凰卫视还有一个最独特的人才团队，那就是以全职或兼职身份构建的凤凰新闻评论员团队。笔者长期观察，它拥有的评论员多达数十人，担当着凤凰卫视全媒体所有新闻、专题、活动等各类节目形态的专业权威解读，凸显了凤凰传媒在教化传播关系中最关键的信息传“授”角色，通过这一电视传播语汇的运用，也无疑强化了这个媒体信息传播的力度和可信度，直抵有效传播的实质。

不仅如此，通过对比我们还可以看到，凤凰卫视充分运用精英文化语境之下的传播语汇，在华人电视媒体中第一次实现了连续不间断的现场直播，如直击“台湾大选”和“戴安娜葬礼”，挺进最前线，在伊拉克战场上发出华人的声音。当年震惊世界的“9·11”事件，只有凤凰卫视在几小时之内就为十几亿中国观众带来了现场的第一个信息。这样的传播既是内容的传播，而从某种意义上来说更是媒体运营理念指导下电视表现语汇的精彩运用。

本章节通过重点对比分析两种绝然不同的文化语境之下的电视媒体在传播学框架下的电视化语汇的运用，强调电视化语汇运用归根结底是为传播诉求服务的理念。作为传播者，你置身什么样的文化氛围，面对什么样的受众，需要传播什么样的信息，要达到什么样的信息传播效率，这些都是你运用电视化语汇的先决因素。只有传播者明确了这个前提，才有可能在众多的电视符号之中选择最恰当的语汇进行组合来表达、表现，而这样的表现将恰到好处地被你的目标受众群体所接受，并且引起信息的共振，这才是电视化语汇系统最强大功能的体现。本章中所例举的两个媒体，正是科学地探索和实践了电视化语汇的运用，才为我们的研究提供了经典案例和有力佐证。

第四章

电视语汇：日新月异与突飞猛进

纵观传播学对于各类媒介的界定与划分，有别于传统的招贴、报纸、图书、电影、广播等媒体，电视媒体一出世就打上了高科技的烙印，它的真实、及时、生动、互动的传播特性以及综合多门类视听艺术的审美价值使之在很长一段时间占领着媒介领域中不可撼动的地位。即便目前出现了网络媒体、手机媒体、移动媒体等各类新兴的媒体形态，它们都依然沿用或根植于原有的电视视听表现技巧。同时，在人类近百年的电视技术发展进程中，我们可以观察到，为了完成电视媒体的传播使命，或者说为了进一步完善电视媒体的传播功能，更好地发挥电视媒体传播的独特能量，电视化的表现语汇正在不断地随着现代传播理念的进步和数字、网络等技术的发展而突飞猛进。本章节将纵向分析电视化语汇的进化历程，并展望电视化传播语汇运用的创新和突破。

在上几章中，我们将电视语汇的符号划分成视觉、听觉以及综合三大部分，本章也将从这几个部分，来阐述电视化语汇的进化发展。

第一节　技术带来新视野

视觉符号

语汇名称	语汇形态	信息特征	表达功能	使用规则
影像素材	动态	形象、直观	状态、细节、色彩、大小、快慢、情绪、数量、变化	是电视传播的主要视频语汇，适用影视画面编辑技巧
字幕	静态	明晰、准确	内容、文学、逻辑、表意、抒情、描述、提示、强调	作为视频语汇的信息补充
数字与图表	静态	易于识别、对比、记忆	数据、对比、关系、说明、变化	补充
图标	静态	形象	方向说明、注意提醒	
影视动画	动态	形象、生动、虚拟、浪漫	描述、展示、说明、演绎	适用于三维动画制作及编辑技巧
视窗（LED）	动态	形象、真实	影像空间拓展、补充、说明、背景、烘托	

听觉符号

语汇名称	语汇形态	信息特征	表达功能	使用规则
电视文案配音	动态连续	文字、文学、内容、逻辑	描述、叙述、感情、态度、观点、结论	是电视传播的主要听觉语汇，适用于文学修辞法规则
现场同期声	动态连续	生动、个人特征、内容	交谈、言论、描述、观点、抒情、强调	是电视传播的主要听觉语汇
现场音响	动态	真实、特色	烘托、说明、背景	
音乐	动态	形象、优美	表意、抒情、烘托、强调、情感	是电视传播的主要听觉语汇
后期音效	动态	形象、生动、虚拟、浪漫	描述、展示、演绎	
演员台词配音	动态	文学、形象	演绎、表述	
场外音频连线	动态	真实、生动、个性	表述、说明	在视频不具备的情况下适用

综合符号

语汇名称	语汇形态	信息特征	表达功能	使用规则
主持人或播音员出镜	动态	形象、直观、语言、真实	描述、陈述、叙述、表达、内容	是电视传播的主要综合语汇，适用播音与主持技巧
互动	动态	双向、语言、直接、变化、随机	表意、交流、碰撞	是电视传播的重要语汇
视频短片	动态	形象、生动、真实	表意、说明、回忆、补充	
视频连线	动态	真实、及时、生动	表意、观点、陈述	

电视媒体的信息传播从前期采集素材，到中期编辑加工，再到后期传播覆盖，跟当今电子技术的发展都是密不可分的，因此以视觉符号为主要构成元素的电视化表现语汇对电子信息技术的依赖是毋庸置疑的。就我国的电视技术而言，经过多年的学习和探索，电视媒体的传播理念、产品内容、受众覆盖等方面已经取得了长足的发展，其中，嫁接在电视技术发展之上的电视化传播语汇也呈现出日新月异的变化和突飞猛进的提升。

下面，我们简单回顾一下我国电视传播的前、中、后期的技术设备在几十年中的发展变化。

1958 年，北京电视台开播，标志着我国电视传媒的诞生。然而，这种传播充其量只是大众传播的雏形，但是由于其已经具备初级电视传播的模式，因此可以当作研究电视传播的范本。相关文献记载，当时我国的电视设备除少部分依赖进口，大多属于自主研发。电视采制设备大多体大、笨重、移动不便，后来采用的16毫米电影摄像机，对拍摄条件要求高，同时中期编辑也相当繁琐。因此当时大多数节目通常采取直播的方式，没有经过精致的后期制作，再加上很长一段时间使用的是黑白接收设备，可想而知，这样的节目只能担当电视信息的简单传送和复制功能，根本谈不上精美电视文化产品的传播。

1977年开始，中央电视台、上海电视台推出全套彩色电视节目之后，我国电视传播开始走向缤纷时代。开始每个台大约只有两三台进口彩色电视摄像机，新闻采访部门把它们视为珍宝。到1981年，中央电视台才首次购买电视现场节目制作设备EFP，有文献记录："此时，体育比赛中的即录重放慢镜头、演播室灯光自动控制、摄像机自动调焦、各种特技效果均陆续采用电脑技术，大大提高了电视节目的表现力。"

进入21世纪，新兴的数字技术设备给电视节目采访、制作、播出等方面带来了很大的变化，数字技术使节目素材采制更加轻便化，容量加大、质量提高、损耗减小，为信息的后期制作和传输提供了良好的基础和技术保证。随着科技的日益发展，便捷数字式转播、高清晰度采制，编辑、传输、接收设备的性能更是日臻完善，包括多声道立体伴音电视、各种音响记录仪器以及图文电视纷纷从实验室步入传播领域。有了充分的技术条件，我们显而易见地看到了魅力独特的电视化语汇的形成和发扬光大。

一、技术创新影像——信息采集质量、数量和传播速度的提升

首先，对于电视产品而言，作为结构要素——视听信息源的质量和数量直接影响着后期素材的使用、加工以及传播效果。比如，最初我们使用的是模拟信号，从黑白到彩色，后来变成数字信号，如今最前沿的技术当属数字高清信号，其信号的质量无论从成像、加工、传输的物理指标还是在媒体终端接收信息者的感官效果来说都有天壤之别。不言而喻，这些信号对于受众的视觉刺激和情感启发都有了极大的提升，这样的提升正好强化了电视信息传播的力度。一段清晰、逼真、丰富的视频与一段质量低下的视频相比，无疑是前者更具有吸引力，这就是信号最直观的魔力。

其次，从传输手段来说，最初我们使用的是有线传输信号，在距离比较远的情况下，我们经常会采用跑带的办法，节目基本可以实现延时播出。近年来，发展了卫星传输，电视信号可以实现全球即时传输，同时在信号采集现场除无线信号传输直播车以外，我们可以利用的传输设备，如小卫星传输、互联网传输、移动终端传输、4G 热点传输、移动 Wi-Fi 传输等都为电视信号的即时、真实传播起到了加速的作用，这无疑也大大强化了电视化表现，让受众“无时差”亲临第一现场，实现真实、直观、迅速且可以互动的电视传播。

另外，在电视信息采集的丰富性方面，现场直播设备使用多讯道同时采集，除立式、肩扛式摄像机以外，各种类型的摇臂摄像机、轨道摄像机，灵活、便捷、稳定性好的斯坦尼康，高速摄

像、低速摄像，鱼眼、广角、长焦、微距等各类摄像神器，为我们提供了高画质、高灵活性、全方位视角、纪实跟拍或艺术夸张的信息捕捉装置，给受众带来的视觉感是前所未有的。美丽、神奇、独特、流畅、准确、丰富、灵感迸发，这些影像的获取正是我们电视化表现的根本。

既然影像的采集跟技术息息相关，那我们不妨以纪录片为例来审视现代高科技给我们带来的电视化表现的极限景观。

近年，随着电视界对于电视纪录片的重视和提倡，尤其是中央电视台纪录片频道的开播以及全国纪录片精品展播活动的组织，我国传媒界涌现了大批思想性、艺术性、技术性全面提升的优秀作品。这里，笔者将就其中反响最热烈的《舌尖上的中国》的第一季、第二季做对比研究。这两季纪录片采用的是同一个制作团队、同一个拍摄主题、同一类拍摄对象；不同的是，时间前后相差一年，其摄像设备和技术发生了明显的提质。

2014 年 5 月 17 日，中央电视台为配合纪录片《舌尖上的中国Ⅱ》在其全媒体集中播出，策划了一个盛大首映礼，这是央视对于纪录片的播出做出的前所未有的宣传举动。时任台长胡占凡特别强调，《舌尖上的中国》的成功运作是中国电视构建品牌化战略，创新中国纪录片生产，传播弘扬优秀的中华文化并向全世界成功输出的亮点。它证明，中国纪录片的原创水平已经具有国际化的品质，同时开始与欧美一流纪录片生产商分割市场。在典礼上，《舌尖》团队向外透露的信息显示，《舌尖Ⅱ》的前期投入每集是 100 万元，比《舌尖Ⅰ》高出 30%，其主要用途就是提升设备的科技含量。

于是我们看到，与《舌尖Ⅰ》相比，《舌尖Ⅱ》不仅画面有了更加均衡、稳定的高画质，而且对于美食以及其加工过程的记录、再现、渲染更是臻于完美。这些精彩影像为片子带来的感染力妙不可言。对此，普通受众竟然生出这样的抱怨：为什么不多给一些让我们把口水吞回去的时间？笔者认为这并不是片子剪接的节奏过快而忽略了受众的心理感受，而是这样极富感染力的影像已经远远超越了普通影像信息对观众视觉方面的冲击，综合视觉和听觉，这些影像信息的感染力已经直达受众的味觉、记忆、欲望、冲动、情感等更深的心理和文化层面，而这正是成功的纪录片的影像语汇所理应具备的强大张力。因此，专家的评价就更具文化高度："接地气的镜头，撩起了观众的食欲，也在食欲里注入了一股五味杂陈的感怀，通过'舌尖'展示美食这个渠道，观众看到了社会变迁和人们命运的流转，看到了倔强、节俭、坚韧的民族性格，其实也就是看到了我们自己。"这一评价正好印证的就是心理学家对于影像传播作用的"最高级"诠释。而在这些强大感染力的影像背后，我们分明看到的是全程 4K、16bt RAM 的输出装备、潜水摄像机、窥镜摄像机、遥控飞行摄像机以及团队自主研发的全自动微距拍摄设备等全新装备。

这里我们可以回顾一下《舌尖Ⅱ》第二集《心传》里最后的 10 分钟：为了展现 83 岁的上海本帮菜大师李伯荣向儿孙传授烹调绝技，节目有一道"扣三丝"的绝活长达 26 个小时，而且策划组织了各种展现本帮菜经典菜式的采买加工过程的精细环节，如刀工、火候、走油、煎炒烹炸蒸、出锅、摆盘、上桌等。团队自发研制的全自动轨道微距拍摄设备在这里也得到了充分运用，它将菜式的鲜美、精到、诱人表现得淋漓尽致，使信息的刺激直逼受众大脑通感神经，让人无法抗拒。对此，总制片人陈小卿说：“看看我们导演用怎样的影像语言在‘传承’着美食文化。”自豪之情溢于言表。当然，像这样的精彩片段在《舌尖Ⅱ》里还有不少。比如，第四集《家常》中导演为了展现悬崖上的玉米地，节目组在大风的天气里仍坚持选择了飞行器航拍，收获的影像不仅从视觉上展现了故事发生地点险要、奇绝的自然风光，同时从精神上凸显了祖祖辈辈传承下来的坚韧的生存信念，可以说高科技手段的引入，使这一组镜头大大拓展了影像所传播信息的深刻内涵和震撼力度。

近年来，中央电视台纪录片频道的精品力作不断涌现，《故宫》《茶——一片树叶的故事》等无论是前期的影像捕捉还是后期的影像处理加工，在电视化表现语汇上都已经做了大量卓有成效的探索并取得了良好的传播效果。比如，《故宫》使用了大量的三维动画影像语汇，使千年的中华文化生动绚丽地还原；《茶——一片树叶的故事》里大量使用微距、高速摄像等，展现了这片神奇树叶灿烂的生命历程与华美的蜕变。在音频语汇的运用上，除去高保真的现场同期的捕捉以外，已经普遍摈弃了音乐素材的配乐方式，而是逐渐过渡到为片子量身定做背景音乐，在《舌尖Ⅱ》中甚至已经采用作曲家在片子剪辑完成之后，对照视频进行现场调整或作曲的方式……这些手段的运用，这些电视化表达的呈现无疑都维系在电子高科技的迅速发展上，信息的原创者借此充分实现了电视节目创作的诉求，同时尽可能以最好的方式实现电视信息的成功传播。

了解完国内优秀作品，我们再来看看国外的纪录片在高科技的参与下为我们呈现的视觉奇观。

《冰冻星球》是由英国BBC电视台历时5年打造的巨作，这部耗资巨大的纪录片用镜头真实地展现了正在逐渐溶解的地球两极，以及生活在这里的各种生物，片中展现的种种景象让人叹为观止。为获取令人满意的影像，摄制组分成5个不同任务的团队，上天入地，逼近了生命的极限。他们采用了可以在低温下工作的特殊摄影机，超广角航拍机、潜拍机、超微摄像机、高速摄像机、延时摄像机甚至专门针对拍摄条件研发了雪球摄像机、浮漂摄像机等，捕捉了一般设备无法捕捉的珍贵画面，表现出大自然神秘奇幻的一面。受众通过影像有幸能够近距离目睹冰山崩塌、活火山喷发、岩浆喷涌、冰凌溶化、雪花生成等自然奇观和罕见的岩石峰、融水湖、针叶林等奇特地貌。同时这些逼真的影像也给我们展现了大自然中残忍的一面，动物之间相互的角逐、厮杀，比如一头雄性北极熊勇敢击退10多名“情敌”，身披血渍和伤痕，最终抱得“美人”归。这部纪录片还拍摄到了一些生物是如何团结协作捕杀猎物的，比如虎鲸共同合作猎捕海豹等。借助高科技设备，片子记录了南极大陆中心地带广袤而荒芜的陆地，以及鲸鱼迁徙到极地的过程。这些过去人类无法目睹的壮美奇观，今天的高科技手段都为我们一一实现。

“这可能是人类在地球气候产生剧烈变化前欣赏到这一景象的最后的机会了，”现年85岁的艾登堡爵士，英国国宝级纪录片前辈说，“这部纪录片捕捉了此前从未记录下来的很多行为和现象。随着时间的流逝，这些影像将会变得越来越珍贵，因为这很可能是我们最后的机会去记录下这些珍贵的场景。虽然在我们到达前的数百年甚至几千年前，地球两极的景象非常壮观，但是最近一个世纪以来，很多变化已经超过了人们的认识。”

而另一部纪录片，同样也是由 BBC 拍摄完成的《企鹅卧底日记》，则是将摄像高科技运用到极致的杰作。

紧随成功运作的北极熊纪录片《冰上侦查》之后，《企鹅卧底日记》是一部专门介绍企鹅的生命萌发过程的有趣的纪录片。为了表现我们前所未见的企鹅由南极至北极迁徙、生存以及孕育下一代的过程，导演团队采用了最新的摄像机技术——间谍摄像机，它是将摄像机安装在被摄对象的同形仿造装置（人造企鹅、人造幼企鹅、人造企鹅蛋等）内，再将仿造装置混入被摄对象群体之中，对拍摄对象进行深度嵌入式捕捉的大胆尝试。于是，我们终于有机会看到一系列这些电子仿真摄像装置为我们成功捕捉的企鹅帝国不为人知的孕育场景和企鹅灵性、细腻的情感世界。它给予我们的视觉信息冲击非常震撼，这也可以被认为是最前沿的电子科技尖端技术助力电视化视频影像语汇表现的全新成果。

间谍摄像机带给我们全新的视点，帮助我们重新观察这些不可思议的鸟类的行为和极端的生存策略。与北极熊纪录片《冰上侦查》相比，间谍摄像机又发展到了新的水平。

《鸟瞰地球》是英国广播公司 2013 年开播的作品，拍摄历时 3 年。第一集首播时，收视人数达 580 万，列全英国自然历史类纪录片收视排行榜第三位。是什么让一部讲述鸟类故事的纪录片拥有那么大的吸引力？“我们随着鸟儿飞越卢瓦尔河谷、伦敦港区和荷兰的郁金香田，这是我们从未见过的欧洲，”导演大卫·

田纳特自豪地向我们揭秘，“换个角度看家园的感觉新鲜又亲切，而在‘鸟瞰’的同时‘看鸟’，也带给观众不少乐趣。”整个纪录片的影像中，数万只欧洲白鹳春季时从非洲飞往1600公里之外的欧洲。我们看到白鹳会利用上升的暖气流滑翔，这在迁徙飞行时可以节省体力；有时风将它们吹离了路线，它们来到马尔马拉海上空，水面上无法形成暖气流，白鹳只能不停扇动翅膀，疲劳的白鹳飞行高度一再降低，如果翅膀沾水，它们将坠入海中溺亡，一个个小岛成了白鹳休息的踏脚石，它们再次起飞，借助小岛被暴晒之后形成的上升暖气流，一步步向欧洲靠近……在一个月左右的时间里，白鹳、灰鹤、火烈鸟等鸟类需要完成单程一两万公里的迁徙距离，每天需要飞行200至800公里。为了记录这伟大而壮阔的迁徙过程，让飞行的鸟儿在镜头中纤毫毕现，同时也为了逼真再现这迁徙途中美丽神奇的自然风光以及“鸟瞰”的独特视角，就必须和它们一起飞行。因为野生鸟类飞行时并不喜欢有“陌生动物”的干扰，于是，导演克里斯蒂安·穆莱克就自己养一群黑雁，从孵化开始便亲手喂它们，并将它们一手带大，以消除雁群对他的戒备心理，这样进入拍摄时才得以让飞行器与它们靠近，或是将微型摄像机固定在它们身上。这种获取影像的独特创意和独到方法正是这部片子从往昔众多拍摄飞禽类动物的纪录片中脱颖而出的原因。让人不得不惊叹的是：这样的影像技术正是电视化表现最完美和最精彩的呈现。

摄像技术升级给我们带来的影像革新和全新视觉挑战是前所未有的。比如，我们有专门引入医学探头摄像机制作的纪录片《子宫》，它用极限的摄像方式为我们展示了人类自己既熟悉但又从未亲眼目睹的神奇家园；我们有纪录片《微观世界》，通过神奇的微距摄像，我们目睹了无法用肉眼感知的世界的更深层面；在新闻节目里，我们还经常看到运用针孔摄像机、眼镜摄像机等新型摄像技术为受众获取更及时、更真实、更自然的影像素材。

令人惊喜的是，目前越来越多的新型设备被越来越广泛地投入使用，并为电视传播的表现和传播带来更大的效率：今年两会期间，手机自拍杆成为抢新闻的拍摄神器，有了它，记者单兵作战就完全可以在现场发出第一手出镜报道；如果连手都要腾出来查资料、记笔记，那么头戴摄像机就会派上大用场；过去在科幻电影里出现的眼镜摄像机，如今由一款名叫谷歌眼镜的产品实现了记者们眨眨眼睛就能拍到影像的梦想；如果嫌弃手机画质有瑕疵，一款手机外配镜头也许可以为受众留下出乎意料的超美画质……

总之，只要电视化高效表现、高效传播的诉求还在，人们发明新奇工具的创造力就会不断爆发，那些有助于电视化表现的工具就会不断给受众带来惊喜。

第二节　传播理念强力推进电视化表现

电视技术的发展对于电视化表现的推动作用当然不仅仅表现在前期影像素材的采集阶段，它覆盖了电视媒体传播的采、编、播各个环节。

这里值得强调的是，因为我们研究与探讨的是媒介传播语境下的电视化表现，所以我们是在传播理论的指导下，在强调信息传播效率的基础上，来利用日渐发展的电子技术为我们的传播服务；在不断更新的传播理念引领下，来实现电视技术的不断发展以及电视化表现语汇的进化。因此我们更应该彰显的是，由我们的传播理念的突破和传播手段的创新所带来的全新的电视语汇或者电视语汇的不断整合。

首先，在电视新闻传播中我们看到的变化是前所未有的。曾经作为电视媒体表现语汇的特色——影像一直是我们新闻节目的主角，无论是直观生动的现场新闻，还是兼具深度与广度的动态新闻、新闻调查，或者是兼述兼评的新闻评论、新闻专题，荧屏上呈现的总是“镜头”（影像符号）。我们喜欢将新闻节目做成一个相对固定的模式“播音员（主持人）口播导语＋新闻视频”，等而次之的模式则是“播音员（主持人）＋口播新闻”，采用这样的形式多半是因为媒体暂时没有新闻现场视频可供播出，或者因为某种原因，上级要求通过播音员口播的方式强调或者突出某个稿件内容。所以在那个时期，我们采编业务里会出现诸多类似的词语：空镜头或者转场镜头。按照今天的电视化传播理念，这样的镜头（影像）正是我们所指的传播价值不大的信息符号，是我们在高效传播诉求下所必须摈弃的“废话”。随着电视新闻传播的发展，在电子信息技术的推动下，我们在电视化表现语汇上看到了扎实而可喜的前进脚步。比如，由枯燥的“口播导语＋视频”的形式到口播者身后的背景从“单色画面”到“单色画面＋文字”到“彩色画面”到“彩色画面＋文字”到“图象画面”到“动态画面＋文字”到“动态视窗＋动态文字”到“动态视窗现场连线”的演变，播音员（主持人）身后的背景也被换成大尺寸的液晶电视或巨幅的 LED 屏。在新闻正文部分我们更看到了除视频以外的文字、表格、绘图、画中画、视频图片、文字编辑等丰富的内容，而这些语汇的综合运用无疑强化了新闻信息的传播效果，并实现了尽可能地将新闻信息直观、明了、形象地传递给受众。

下面我们来看央视新闻频道的《新闻 1＋1》是如何，再现当今电视新闻（或新闻栏目）对电视新闻传播的生动诠释。以《一位产妇的“非正常”死亡!》(2014 年 8 月 14 日晚播出）为例。

时间顺序	信息内容	语汇类别	传播特征
0″—59″	“赤身裸体躺在手术台，满口鲜血，眼睛里面含着泪水，可却再也没有了呼吸，而本应该在抢救的医生和护士都全体失踪了”，湖南湘潭产妇之死真相在哪？ 产妇家属：你不开门的话，我们就会想别的办法 解说：谁在故意夸大事实，谁又在刻意隐瞒事实？ 杨剑：他们(家属)有些冲动的情况 解说：是医患纠纷还是医疗事故？ 杨剑：可能因为抢救病人事情太多，跟患者方家属沟通不够 解说：《新闻1+1》进入关注，一个产妇的非正常死亡！	宣传短片	概括事件全貌，提出事件分歧，制造收视悬念
1′—2′3″	晚上好，欢迎您收看正在直播的《新闻1+1》。就在几天前，8月10日，湖南湘潭一名产妇死在了手术台上。那么这样一件事情，就引发了医患之间的纠纷，同时也引发了一场混乱的舆论大战。为什么这么说？我们不妨看一下，当事情刚刚发生的时候，媒体是怎么报道的。请看这句话，媒体是这么说的：“家属发现产妇死亡的时候，赤身裸体躺在手术台，满口鲜血，眼睛里面含着泪水，可却再也没有了呼吸，而本应该在抢救的医生和护士却全体失踪了。”那么这样的遣词用句，可以说是字字句句在激怒着阅读者的神经。但问题是，事情的真相真的是如此吗？我们不妨先关注一下这两天以来的舆论的大反转	主持人	进一步强调节目鲜明的报道观点：追究事实真相，并提出分析问题的角度和顺序

续表

时间顺序	信息内容	语汇类别	传播特征
2′4″—5′38″	解说："赤身裸体躺在手术台，满口鲜血，眼睛里面含着泪水，可却再也没有了呼吸，而本应该在抢救的医生和护士却全体失踪了。"这是8月12日湖南一家网络媒体的报道。而报道的主人公是湖南湘潭县妇幼保健院收治的一名急诊产妇。这则由湖南日报社主办的华声在线网站率先报出的新闻，随后被媒体大量转载。孕妇死亡的时候满口鲜血，事发之后，医护人员集体失踪，那在医患矛盾紧张的当下，"裸体""鲜血""泪水"，这样一幅让人无法想象的画面，令不少看到该报道的网民感到震怒。随着舆论对事件关注度的不断升级，湘潭当地电视台稍早前对此事的报道也被找到。 （湘潭当地电视台报道）现场：你不开门的话，我们就会想别的办法，我现在又做不得主，你们医院怎么这么黑，一个人放在里面医生不见了，人也不见了 解说：从晚上9点得知张女士的死讯之后，死者家属一直没有见到张的遗体，悲伤、愤怒、绝望的情绪，使得刘先生和他的家人失去了理智 （湘潭当地电视台报道）现场：走开，走开 解说：通过重重阻碍，悲痛不已的家属终于在手术室里见到了已经停止呼吸的产妇张女士。但是这个8月11日就播出的报道所透出的信息，却让公众开始对华声在线，对这件事的报道产生质疑 网民甲：一看这个新闻就知道有问题，言论完全出于死者家属，对于医生的解释一句话轻轻带过，没有普及羊水栓塞的知识，就是为了吸引眼球 网民乙：用了大量不负责任的形容词，这是一起责任未明的医疗纠纷，但报道中却反复出现"惨死" 解说：随着各方的疑问不断地聚集、发酵，湘潭当地卫生局也于8月13日在官方微博中做出说明，胎儿娩出后，产妇出现呕吐、呛咳，初步诊断为"羊水栓塞"可能。院方立即启动院内县、市孕产妇抢救绿色通道，市、县有关专家主持抢救，产妇因羊水栓塞引起多器官功能衰竭，经全力抢救无效于21点30分死亡	影像：在这组长达3分半钟的视频当中，能看到事件现场的画面，中间引述事件当地电视台的影像资料只有53秒，其他的视频内容都是事件引发的网上报道和受众的网上言论，其中有的采用了模拟画外音	尽可能客真实地铺观地陈了这篇新闻评论的事实起因部分，为下面的分析提炼做好了全面铺垫

续表

时间顺序	信息内容	语汇类别	传播特征
	从昨天开始，舆论之中开始出现更多的质疑和理性的声音。8 月 13 日下午《环球时报·环球今日》评说，为什么家属砸门的时候，媒体记者就在场了，是否存在摆拍呢？观察者网站 8 月 14 日发表评论说，视频报道直观记录了全过程，患者有行为过激之处，院方的处理方式也让人难以接受。《人民日报》8 月 13 日官方微博，唇枪舌剑中，到底有多少理性的探讨、负责的求证，当情绪化指责蒙蔽了事实真相，除了舆论狂欢，剩下的只有对抗和仇视。事件曝光至今，羊水栓塞已经登上微博热搜词的第一位，而产妇丧命、医护失踪这个话题，已经有超过 5000 万的阅读量，而且围绕着这个事件，很多的疑问仍然要被一一的解答		
5′39″—9′28″	大致回顾一下整个事件的脉络。整个图上我们分别用了两种颜色。黄色的是湘潭卫生局介绍的情况，蓝色的是媒体报道的情况。湘潭卫生局介绍的情况有 3 个时间节点，6 点 10 分，产妇去医院待产；12 点 05 分娩出婴儿；当晚 9 点半，产妇经抢救无效死亡。对比湘潭卫生局的情况，媒体明显详细了很多，在 11 点的时候，已经进入到产前的检查，说明胎位正常，一切正常，医生建议做剖腹产；12 点 05，手术室通知家属说产妇已经产下婴儿；30 分钟之后，护士通知家属产妇出现大出血的情况；几个小时之后护士又来通知家属现在产妇的子宫必须切除，需要签字；再几个小时之后，晚上 9 点的时候，她的家人听到有人在议论，产妇已经死了；晚上 9 点半的时候，产妇死亡；晚上 11 点产妇的家属撬开被反锁的手术室大门，发现他的妻子死亡，抢救人员失踪，只有一些不明身份的人在吃槟榔，抽着烟。这是事情的大概经过	主持人（这里的主持人语汇综合了其他语汇）：一开始编导绘制了一个图，清晰地标出事的若干小时内医院与当事人家属提供的明确的时间节点，为受众提供了辨别事件真伪的细节依据	

续表

时间顺序	信息内容	语汇类别	传播特征
略	目前来看，这是一个医患之间的纠纷。医患纠纷按说是一个中性词，在今天这样的一种语境下，那么为什么这样的一起医患纠纷，会引起如此大的波澜？我们不妨看一下《人民日报》今天的评论《关注医患纠纷，请别轻易下结论》。为什么这么说？人命关天，正因如此，在事实尚未搞清楚之前，不能轻易下结论，定责任。事发之初，有的报道反复出现“含泪”“惨死”等不负责任的字眼，单方采信患者一方的说辞，这容易暗示医院冷血不作为，漠视患者的生命。院方的声音、核心的事实缺席，报道便缺乏客观性，人们的结论就会流于武断。那么这件事情之所以沸沸扬扬，一方面由于报道的时候，记者的一些漫不经心、一些不负责的报道。另外一方面，就是跟现在整个社会的背景，医患之间的矛盾崩的很紧张也有关系。在一片舆论声中，我们也看到了一些来自专业人士的非常冷静的分析。我们看其中的一点，比如说有一些医护工作者，医疗的专业人士，他们在解释什么叫作羊水栓塞，发病率很低；但是一旦发起病来，非常快、非常急；死亡率很高，达到60%～80%。并且他们有仔细介绍，为什么发生羊水栓塞这样的情况。如果说在手术台上，在治疗的过程中，医生是在用镇静剂治疗病人，而在网络的混乱舆论中，这些有医务背景的人，也用他们专业和理性的文字分析，在镇静着人们的情绪。这些来自专业人员的解释，能帮助人们去了解，因为很多人不了解，为什么一个好好的产妇，活蹦乱跳的进去，但是出来的时候已经死了，不明白这是为什么。这些理性的声音，帮助人们解释，为什么出现这样的情况。问题是羊水栓塞非常凶险，但不意味着医生没有责任。接下来我们不妨回顾一下，在处理整个事件的过程中，医院方面又是怎么做的，我们接下来继续关注	之后，为了配合主持人所阐述的“羊血栓塞”病症，编导再次绘制了关于此病的医学知识简易说明图，供受众在短时间内清晰地了解相关知识，也给后面的分析片段提供了科学的理论依据	

续表

时间顺序	信息内容	语汇类别	传播特征
略	解说：8月10日，在湖南湘潭县妇幼保健医院，产妇张某度过了她生命里最后17个小时。昨天湘潭县卫生局官方微博将这17个小时分成了7个节点。从早上6点10分待产到出现羊水栓塞症状，再到死亡，直到最终医患双方矛盾的激化。而这个过程中，媒体所谓的医生失踪、家属暴力，都发生在晚上9点30分到11点之间，那么一个半小时内到底发生了什么？ 死者的丈夫刘先生：中间我们提出来要见，但是院方没人出面，我们一直在外面敲门、按门铃都没有人理睬，院方也没有出现过人 解说：10日晚上9点左右，死者张女士的丈夫刘先生，最开始并不是从院方的嘴里听到妻子死亡的消息，而是听到有人议论说，产妇已经死了。这让原本焦急等待妻子抢救消息的他非常焦虑。因此，他跟其他的家属拍打手术室大门，希望得到医院的答复，但他们没有得到确切的消息 死者张女士的哥哥：晚上8点的时候还有一个医生说有心跳没有呼吸了，正在抢救，后来医生都偷偷走了。走了就打电话给我们村上，还是我们村干部打电话，我父亲才知道(已经死亡) 解说：但是按照湘潭县卫生局部的说法，湘潭县妇幼保健院副院长杨剑，在确定产妇死亡的10分钟后，就已经向家属告知了死亡的信息。但根据本台记者了解到的情况，面对当时众多的家属，杨剑并不确定自己告知的是哪个家属，沟通的不畅，加速着家属的焦虑 湘潭县妇幼保健院副院长杨剑：可能因为抢救病人事比较多，跟患者家属沟通不够，有可能有这方面的不足	影像：本段视频主要以现场影像方式再现了当晚发生的事件的客观流程，同时再一次运用了图标的方式，强调各个关键时间节点，使事件的叙述更明晰	直观再现事件现场。各方现场采访为还原事件提供第一手依据

续表

时间顺序	信息内容	语汇类别	传播特征
略	解说:而在这之后,当家属提出要见死者一面时,院方又出于种种顾虑,没有满足家属的要求 杨剑:因为当时家属情绪激动,我也不知道有没有提出(见产妇),但是肯定没主动安排,考虑到手术室还有其他病人,家属在外面打门人也很多,控制不了 记者:我们为什么不安排个别的家属进去呢? 杨剑:安排也控制不了。 记者:为什么? 杨剑:说实话病人家属情绪激动,我们怕他有更过激行为,影响其他手术病人,打砸手术室的仪器设备,这些情况有可能发生 解说:从晚 9 点 40 到 11 点之间,担心家属会有过激行为的院方,一方面没有同意让家属见死者,另一方面也向其他部门进行了通报 湖南省湘潭县卫生局副局长齐先强:(晚上)9 点 40 就告诉家属死亡了,就进行了简单的抢救过程通报,向相关部门都汇报了,向主管卫生局以及调解中心,以及公安那边也报警了 解说:最终家属在焦急的等待中,院方担心的过激行为还是发生了。而对于手术室里空无一人,医生集体消失的说法,院方并不认同,称只是将医护人员转到了休息室 齐先强:当时医生护士也比较害怕,现在的医疗环境也不是很好,当时(医护人员)就在手术室另外一间房子里,病人家属进去的时候,医生护士没有守在门口,怕引起进一步的冲突,刚才短片里面,湘潭县妇幼保健院副院长杨剑也说了,他承认彼此的沟通应该说是存在一定的问题的。目前来看,手术室里发生的一切到底是什么,需要一些专业的医疗鉴定机构去调查。那么,手术室外发生的一切,就像刚才那位杨副院长说的,是不是有一些空间还是需要调整的呢?		

续表

时间顺序	信息内容	语汇类别	传播特征
略	主持人：接下来，我们连线一位专业的人士龚晓明，曾经在北京协和医院从事多年妇产科的医疗工作，现在他就职在上海的第一妇婴保健院，有着多年的丰富临床经验 主持人：龚医生，刚才听到了医院方面的一些回应，现在人们关注当患者死亡了之后，这样一个坏消息，的确是从目前来看，他们是通知到家属了，但是连医院都不知道通知到谁了。人们很自然地关心到一个问题，这样一个死亡的“坏消息”，应该由谁、用一种什么样的方式去通知死者的家属，这方面在我们国家有没有相关的特殊的规定？ 龚晓明：这个问题通常来说，因为在手术室里面，我们通常是有一个术前委托人的，就是进手术之前，无论是产妇还是手术者，在医院要签署一个术前委托书，然后出现任何的情况以后，如果被手术者，出现一些意识不清楚，或者说是抢救的情况，医院要有一个人员跟他们的被委托人进行沟通，这是一个合乎规范的程序 主持人：这是一个粗略的规定，由谁来告诉死者的家属。但是这是一个非常不好的消息，非常坏的一个消息，怎么用一种能够接受的方式去通知到家属？这个问题日常怎么处理？ 龚晓明：这个情况比较极端。因为产科通常有很多意外的情况，在进产房之前，可能还正常，那么突然出现意外的情况甚至到死亡的情况，这种消息非常让人难以接受。相比其他的癌症晚期的病人，这种死亡消息可能比较好沟通、好通知。像出现这样一个极端的情况，比较困难。出去跟家属一说，有可能家属就非常震惊，进去好好的一个人，突然之间死了，到底怎么回事。这个时候，怎么一个沟通方式，其实我觉得需要点方法和要采取一点技巧	主持人、互动：这段互动编辑使用了场外的两次视频连线，都是使用主持人出镜加视窗，其中视窗中穿插影像，一方面通过行内人士了解的相关问题处理常规和经验，向受众传递一般性的类似事件处理流程信息，另一方面通过专业人士借鉴相关国内外现状和经验，提出问题的难点和盲点	本段内容运用主持人及专家一问一答的形式，有针对性地提出了之前在事实依据捋清楚之后呈现的问题，借助医学常识、国内外相关程序规定和现状，试图找到问题的答案

续表

时间顺序	信息内容	语汇类别	传播特征
略	主持人:我之所以问您这个问题,龚医生,就是根据我粗浅的经验,我知道在国外有一些专业的,就是专门研究医生如何把这些坏消息告诉病人的家属,这些方面我们有多少空间可以提升? 龚晓明:如果真的有这种情况发生在国外,其实也很难。因为这种情况太突然了,在手术室里 10 分钟之前还正常,10 分钟之后生命出现了危险 主持人:也不好交流是吧? 龚晓明:通常很难。国外有一些研究针对诊断出不好的情况,探讨怎么把坏消息通过一种方式告诉家属,这是有很多的研究。但是对于比较突然的情况,确实是很难处理的 主持人:还有一个问题,需要您简短地回答我。像在湘潭发生的事情,死者的遗体就是那样放置,在没有太平间的条件下,死者的遗体应该怎么处置,在极端情况下? 龚晓明:院里的流程,如果有死亡通知书,要跟家属去告知,要发死亡通知书。之后把死者的身上的一些插管、医疗的东西清理干净,使得体面一点之后,通知太平间,由太平间进行尸体的处理,由太平间的人收到太平间里去 主持人:非常感谢龚医生给我们介绍这一些。经常听到医生自己表达自己的职业,“医生是七分安慰,三分治疗”,当医术有的时候的确无法抵达的时候,可能更需要医生用一种将心比心的态度,去跟病人、去跟患者的家属交流,才有可能避免因为沟通不畅导致的纠纷。调查已经开始,我们继续关注		

续表

时间顺序	信息内容	语汇类别	传播特征
略	解说：就在产妇张某离去18个小时后，8月11号下午，院方代表和家属代表以及政府代表，在湘潭县红叶宾馆进行了第一次三方沟通 死者家属：出事你们的人就全部走掉，连一点起码的人道主义都不讲，你们为什么不和家属说这个病有多严重，要做好心理准备？ 湘潭县政府工作人员：不管院方有没有责任，一个活生生的生命，现在就是说钱，这个你们要提，你还去追究那些事，那就只能走第二种途径，到市医学委员会申请鉴定，鉴定是医疗事故构成个几级几级，是什么就是什么，你还去讲那些有什么用？ 解说：在首次协商中，就谈到了补偿，而这个问题在之后的两次沟通中，一直在延续。根据媒体报道，家属所要求的补偿金从开始的120万降至后来的98万，但是医院方面仅仅从50万略微上升到了56万，落差巨大，让双方一直无法在这一问题上达成一致 湖南省湘潭县卫生局副局长齐先强：当责任不完全明确的情况下，双方只要愿意通过有关部门进行协商，这也是规定的一种程序，只要能协商成功，在许可的范围内能够达成一致也算成功 解说：但是随着产妇家属最终通过司法手段进行调查，之前反复协商的补偿仪式也走到了终点 齐先强：现在主要是调查死亡原因这一块，协商补偿这块不考虑了，以后通过法律的途径，尸体解剖，确定死亡原因，是不是医疗上的一些过错，到时再确定责任，按责任划分补偿比例 记者：这个是谁提出来的？ 齐先强：县委、政府提出来，最好的方式是通过法律的途径解决 记者：家属的态度是什么？ 齐先强：家属目前尸检也已经同意了，我们做了一些思想工作，现在回到法律的轨道了	影像：该段影像用非正常拍摄的手段真实记录了死者家属与院方进行私下赔偿协商的片段，提出了另一个围绕医患纠纷而常见的附加程序	真实再现事件的短期进展，为完整剖析事件打下信息基础

续表

时间顺序	信息内容	语汇类别	传播特征
略	解说：家属同意尸检，让这起不同寻常的医疗事件，可以回归到理性客观的法律程序。今天相关的死因调查，已经开始启动 齐先强：第一步是尸体解剖，就是尸检，到市里面的司法鉴定中心。第二步就是医疗技术鉴定，按程序由市级医学会组成鉴定（小组），按程序。第三步，在医疗救助过程当中，是不是各部门的职责都尽到了，政府也成立了调查组在进行调查 记者：政府哪个部门？ 齐先强：司法、监察等具体部门，包括卫生部门组成的联合调查。整个调查是由我们市政府的分管副市长任组长带领的调查组负责，市级的专家以及相关部门的人和县级的相关职能部门配合 解说：围绕一位产妇的死亡，从舆论乍起到剧情反转再到疑问重重，事实上，湘潭的这起医疗纠纷，似乎从开始就应该进行法律所规定的调查程序，而这个波澜起伏的事件，最终又能否有一个公正的结果呢？ 主持人：这件事情接下去怎么解决，我们连线一位专家——中国卫生法学会常务理事郑雪倩，郑女士您看，我问您两个问题，第一个问题，就是医院方面说的沟通的问题。现在还没有看到尸检结果，假如尸检结果出来，医院该尽的努力都尽掉了，仅仅是因为沟通的问题，它要不要赔偿五六十万，这个问题您怎么看？ 郑雪倩：按照国家侵权责任法，医院的患者的损害后果，如果跟医院之间有直接关系，医院才应当进行赔偿 主持人：什么叫直接关系？ 郑雪倩：她的死亡是医院的过错导致的，那医院就应当按照侵权责任法来赔偿。但是如果仅仅是沟通不足，那么跟她的后果没有因果关系，医院就不应当赔偿 主持人：这正是双方正在纠缠的问题，现在问题是尸检结果还没有出来，为什么已经谈到赔偿的问题了	主持人、互动：该段互动重点阐述在医患纠纷处理过程中经常出现的私了赔偿的非正常现象，正面提出在法制国家，医患纠纷必须走向法制正规的主张	本段内容可以说是在对事件前段扑朔迷离的信息进行甄别判断的基础上，提出并回答了此类医患纠纷最终应该走法律程序的正确理念

续表

时间顺序	信息内容	语汇类别	传播特征
略	郑雪倩：过去大家习惯息事宁人，想把事情尽快解决。产妇的死亡是非常值得同情的，但是，在没有搞清事实的情况下，家属任意要价，医院为了息事宁人赔偿，我认为是不妥的。它会给社会大众带来一个不好的印象，是不是大家可以不按照法律的程序，处理医疗的纠纷，这样会导致社会秩序的不稳定。另外尤其是在现在医患关系比较紧张的情况下，考虑建立一套遵循和依法来解决的机制是比较好的，所以我觉得还是第三方去调解，按法律程序走 主持人：非常感谢郑雪倩		

笔者之所以在阐述电视新闻的电视化表现问题时，例举这个长达 24 分钟的新闻评论节目，正是因为从信息传播诉求的角度，普通的动态新闻侧重传递客观真实的信息，而相对普通新闻节目来说，新闻评论节目更加强调在分析新闻事实信息的基础上为之后的分析判断提供基础。新闻评论节目的“再现新闻事实内容”对于以传播效率为目的的新闻信息提出了更高的要求。所以，新闻评论的题材正好可以使我们更清晰地看到新闻节目的电视化表现在传播语汇之下的实质。当然，打开电视机，无论是普通的新闻节目还是较高端的新闻评论节目，其电视化表现手法已经随着新闻传播理念的不断发展进化从根本上得到提升，并且呈现形式新颖、手段多样、效果奇绝的势头。除去我们在第一节曾提到的运用高科技直播车、小型直播传感装置、电脑、手机等直播以外，我们还看到过去那种唯新闻现场镜头主导的电视新闻表现已

经被更加丰富多彩、恰如其分的形式所取代，受众已经习惯并且能充分享受和参与到这种以传播为本质诉求的电视化表现中。例如，在新闻节目里面你可以看到图表、字幕、截图等出现在以动态视频为特色的电视画面中，而这样的表达恰恰有力地强调了传播信息的力度。央视2014年9月4日《新闻联播》播出的一条新闻《国务院发布“关于深化招生制度改革的实施意见”》（时长2分55秒）。

时间段	内容	语汇	信息功能
0″—15″	作为中央部署的全面深化改革的重大举措之一，国家关于《考试招生制度改革的实施意见》今天正式发布，这是我国至高考制度恢复以来，全面和系统的一次考试制度改革	主持人	引导关注
16″—29″	实施制度明确，这次招生制度改革的基本原则是完善规则，确保公平公正，体现科学高效，提高选拔水平，并提出了改革的时间表和路线图	影像	客观呈现国务院首次发布新闻的真实
30″—51″	2014年启动考试招生制度改革试点，2017年全面推进，到2020年基本建立中国特色现代教育考试招生制度。形成分类考试、综合评价、多元录取的考试招生模式	现场采访影像	信息出自权威人士，突出改革导向

续表

时间段	内容	语汇	信息功能
52″—2′20″	此次改革提出五大重点任务，一是改进招生计划分配方式，提高中西部地区和人口大省的录取率，增加农村学生上重点高校的人数，要求到 2017 年，录取率最低省份和全国平均水平的差距要缩小到 4 个百分点以内。二是改革考试内容和形式，完善考试形式，规范综合素质评价，作为升学的重要依据和参考，科学设计考试命题内容。2015 年起增加使用全国统一命题的省份。三是改革招生录取机制，减少和严格控制考试加分项目和分值。2015 年起，取消体育、艺术等特长生加分项目，严格控制自主招生规模，不得采用联考方式和组织专门培训。2015 年起，自主招生考试安排在全国统一招生后进行。四是改革监督管理机制，加强信息公开和违规查处。五是启动高考资格改革试点，考生总成绩由统一高考的语文、数学、外语三个科目成绩和高中三个学业水平考试成绩组成，保持高考科目不变、分值不变，外语提供两次考试机会，记入总成绩的高中考试科目成绩由考生根据报考高校要求自主选择	图表、文字	强调信息的明确、清晰、具体
2′21″—2′40″	记入高校录取总成绩的学业水平考试科目可以由学生根据自己的兴趣特长和高校的要求来自主选择，可以扬长避短。	现场采访影像	权威信息强调解读
2′41″—2′55″	实施意见确定上海市和浙江省作为高考改革的试点地区，从 2014 年秋季入学的高中一年级学生开始实施。试点要为其他省、区、市提供改革依据	图表、文字	强调信息的明确、清晰、具体

作为一条受几千万家庭和考生高度关注的全国高考制度改革信息的首次电视传播，从受众心理来说，肯定是希望一字一句弄清楚改革的各项条款，因此，这条新闻信息的传播诉求既不是要给人看多少人在教室里奋笔疾书，也不是要给人看相关部门开会讨论如何改革等，而是要尽可能清楚地告诉受众改革的具体做法和时间表等关键信息。所以，这条新闻超常规地采取了表格中所列的表现方式。其中没有影像的文字占据了全部 175 秒中的 102 秒，毋庸置疑，这样的电视化语汇的运用在这条新闻中实现了完美的传播效果。

除图表、文字以外，在新闻节目中我们还可以看到动漫、电影或电视剧视频资料、画外音、快慢镜头、音乐等艺术化的表现。在主持人出镜的时段下，高科技打造的超大屏幕 LED 视屏背景为主持人语汇提供了更丰富直观的信息补充，背景上，不完全是过去用的很普遍的视频真实影像，而是综合了图表、字幕、节目、绘图等，甚至于还出现了主持人手持指示棒在背景屏幕前上下指点、背景上的相关图片信息依次动态呈现的形式，这样的形式虽然并不是我们过去所熟知的电视化表现手法，但是，为了更明确地传播信息，在今天的电视新闻节目中这种形式已经发挥了其作为新型电视语汇的良好传播功效。比如，在 2014 年央视对于马航 MH370 失联事件的报道中，为了向受众直接传播 MH370 有可能的飞行路线、各国每天搜寻马航 MH370 的最新进展和出动的艘救设备情况，主持人背景中多次出现马六甲海峡的海事图，运用高科技手段分析测算 MH370 的各种航线图，各国舰船的前进进度、位置以及用动画的形式阐述的美国最先进的搜救设备的工作原理等，其信息量之大、之具体、之直观、之生动已经达到前所未有的程度。

与新闻节目不同，承担着娱乐互动诉求的文艺、体育、服务类型的节目，因为其传播诉求是感动和互动，所以这类节目的制作和传播相对于新闻节目的纯客观信息传播更加讲究传播技巧和艺术手段，其程度无异于艺术作品的呈现。当然，电视作品在美学语境下毫无疑问就是一门艺术，只不过在传播语境之下，我们探讨得更多的是它的传播效率，而实际上我们已经将这种探讨与艺术的表现手法成功嫁接。基于这样的观点，我们看到，众多科技支撑下的全新设备为这类节目营造了耳目一新的全新艺术审美视觉。

30 年前我们的春节晚会用的是 3 台机位、舞台景片背景、立式话筒，而 30 年后，我们不仅可以在春节晚会上看到 300 多块升降舞台，还可以看到环绕舞台的 LED 显示屏——舞台和场景几乎完全被 LED 拼接屏所覆盖，连边角的柱子、墙壁都是全副武装的景象。

2012 年春晚首次采用了全息投影技术，如王菲、陈奕迅的歌曲《因为爱情》里漫天的花瓣、杨丽萍的舞蹈《雀之恋》中孔雀舞精彩的开屏效果都是全息投影的效果。这场晚会中全息投影运用最好的是高晓松作词的歌曲《万物生》，全场全息效果出色，达到了满屏满场，而且创造的画面酷似《阿凡达》的世外仙境。

舞台机械数控也是 2012 年春晚的一大变化：为了呈现出其

不意的舞美效果，整个舞台的升降台增加至304块，可以进行任意的组合搭配。舞台后面那台13米高的升降机，是舞台发生变化的总“机器手”，通过精准控制，使整个舞台的304块数控机械升降装置根据节目需要进行操控。我们可以看到王菲、陈奕迅演唱《因为爱情》时，音乐响起，舞台中间的升降台突然升起了一座桥，陈奕迅在“桥”前端，与后端的王菲遥相呼应。随着歌曲渐入高潮，王菲走过撒满花瓣的“桥”，慢慢走向陈奕迅，最后并肩演绎美妙歌曲。

到了2013年，央视春晚更具科技感：灵活多变的台型、随着节目和音乐调整角度的LED屏、切情合意的舞美视频，强烈的3D效果，再加上AR（增强现实）技术的高质量运用，丰富了电视观众的视觉享受。王力宏演唱《十二生肖》时，画面中飞舞的生肖字块就是采用增强现实技术；在儿童节目《剪花花》中也运用到了AR技术，总时长4分钟的节目增强现实技术制作的画面就占到2分多钟，小雪人、红色的线绳儿和窗花都是AR技术的产物。在节目《嫦娥》中还采用了墙体投影技术，将琼楼玉宇投影在墙体上，给人一种身临其境的感觉。还有歌曲《风吹麦浪》里的树木、蝴蝶等美丽的田野风光，也是通过增强现实技术实现的。席琳·迪翁演唱的泰坦尼克号主题曲《我心永恒》，采用360度舞台搭配水幕，歌曲高潮阶段水幕大帘放下，烘托着演唱氛围，更好地延展了歌曲的意境，增强了节目的艺术感染力。水幕的后面设置了激光灯，水幕经过激光灯的映射，犹如水晶一般晶莹剔透。

2014 年春晚吸引了近 7 亿人观看，虽然说这次央视春晚舞台从简，去掉了 LED 屏，挂红灯笼增加年味。但是纵观近几年的春晚，高科技元素一直存在，即便是 2014 年的春晚，匈牙利影子舞《符号中国》中也使用了投影设备。匈牙利 Attraction 舞团，是由 3 男 5 女组成的 8 人舞蹈团体，在 2013 年的《英国达人秀》舞台上，他们凭借无限的创意和优美的舞姿，赢得了年度总冠军。《符号中国》这一影子舞节目的具体影子创意有长城、故宫、桂林山水、天安门前的狮子、火箭及“2014”等画面。影子舞表演场地必须要有一块白幕，也可以使用现成的投影幕。通过设置不同类型的光源，以及演员肢体协作创造不同的奇幻造型，也可以适当借助道具。目前多使用多媒体技术，主要通过投影仪的光源创造影子与视频的互动。

同样，2014 年巴西世界杯被誉为“高科技”世界杯，除去其场内外高科技的保安、评分设备和部分特殊用途的运动装备 Brazuca 足球、芯片鞋以外，其超炫的摄像转播设备无疑是这场科技世界杯的真正主角。

与上届南非世界杯实现 3D 转播不同的是，4K 超高清转播由于画面更清晰，细节展示更生动，并且无需戴上一副大眼镜，因而更受人瞩目。负责世界杯 4K 转播的索尼利用了 F65 这一可拍摄好莱坞大片级原始 8K 图像的摄影机，使其成为负责世界杯超高清画面的急先锋。与此同时，4D 球门线追踪技术也得到使用，体育场内 14 个摄像头多角度拍摄，以 500 帧/秒的速度追踪足球的三维立体位置，结合软件分析可判定足球是否越过了球门线。

这项技术的运用不仅提高了比赛成绩的判断，对于观看足球的受众而言，其提升的视觉冲击和享受也是难以言表的。

那些娱乐服务类栏目，如《非诚勿扰》《顶级厨师》《我是歌手》《爸爸去哪儿》《花儿与少年》等启用的摄像机位从十几个已经发展到数十个，更不用说它们用的那些高大上的装备和参数了。无论是室内外 24 小时主角全天候跟拍，还是摄像探头的运用，其功用只有一个：那就是为了传播诉求的需要而尽可能地捕捉最鲜活、最真实、最容易打动人的场景和细节，以达到有效传播的目的。

2016 年 5 月，由国家广电总局广播影视人才交流中心主办的“广电媒体与产业链经营创新发展论坛”上，面对目前网生节目、网络直播、网红不断出现、网络娱乐节目强吸眼球的挑战，人们提出了电视的出路在何方的疑问。传统媒体出身的原电视人赵蕾道出了自己一年前的困惑，她说：“我们竭尽力气做出的节目，到底谁在意？我们这么设计的主题、这样的表述逻辑、这样的语态都是观众所需要的东西吗?”她说，一档电视评论不与观众交流，不把受众的观点和诉求直接在电视端表达出来，并且对他们的反馈不予回应，我们的评论就是自说自话。幸而，不久之后她找到了突破口“TV+”：电视完全可以作为有连接属性的双向媒体，在节目播出过程中，用手机伴随式进行互交，观众的言论、行为成为节目的一部分，节目的衍生内容同时分享给观众，我们可以随时找到观众，可以以此为垂直目标，进行移动端商业化运营。可以说，这就是当今电视发展前沿最新的传播理念和实践——互动，全方位的有强力技术支撑的互动，而它正好是以传播效率为目的，这不仅是电视传媒发展的宏观思路，也是传播理念、传播技术和传播语汇的微观探索。

电视传播发展到今天，不断创新的传播理念不仅为我们带来了传播内容和表现手法的日新月异，同时也必将为我们带来传播方式的革命。随着媒体融合的风生水起，电视媒体的单独传播模式已经显示了它先天的局限，台网融合的号角已经吹响。

2015 年春节晚会前，一则信息让受众异常期待一个盛典的到来，这则信息凸显的一个全新名词就是“微信红包”，在 5 个小时里，伊利、京东、泰康人寿、平安陆金所等各大企业将在晚会的各个时间节点，通过微信“摇一摇”的方式为全国观众派发红包。这是中国最大的电视媒体首次使用突破性的互动方式制造的重磅互联，各大企业向央视春晚提供资金赞助，央视春晚再通过与微信这一时下最热的新型媒介的结合来实现与受众的跨屏幕互动。

无独有偶，2015 年 7 月，北京卫视生活服务类节目《全是你的》改版升级，一种全新的“摇电视”模式让当晚的千万用户参与了台网融合传播的强大共振，实现了全民传播互动的大狂欢。据统计，在节目播出当晚，有突破 1000 万次的受众参与手机摇奖，价值 2000 万的 100 万张限量卡在短短 180 秒告罄，导致卡券供应商和节目组的服务器濒临崩溃。而传播的成效是，7 月 5 日晚节目播出的一小时里，《全是你的》公众微信账号关注量狂涨 30 倍，百度指数翻倍增长，24 小时内，“全是你的”关键词搜索量超过2700万条。有人评价:“这次传播事件成为手机和电视双频互动最成功、用户参与瞬间爆发量最大的节目，这也是微信‘摇一摇’在电视领域的又一创举。”

特别值得一提的是，2015年湖南卫视4小时直播的《天猫双十一狂欢夜》尽管是一台名副其实的广告晚会，但是其通过强大的明星互动、促销互动、买售互动、跨媒体互动等多种形式的传播互动，占领了超过28%的市场份额，保守计算当晚吸引了超过一亿受众群体，实现了天猫12分28秒破百亿的销售记录，比去年缩短了2/3的时间。业界有评价说:“这亮眼的成绩或将载入中国电视史册，成为媒体融合‘互联网+’的有效样本。”从上述几个例子中，我们不难看出“互动传播”强大的能量和在未来不可抗拒的发展潜力。一直以来，受节目形态和播出时间的限制，国内电视节目多以单向输出为主要模式，随着技术的发展和受众交流互动需求的不断提升，这种传统的模式已经显出它的局限。如今，无论是央视春晚的“抢红包”，还是北京卫视的“摇电视”，又或是湖南卫视强势抢占收视市场的商业互动节目，都可以看成是传统的电视媒体借助或嫁接新媒体渠道与受众实现的成功互动，它通过“红包”“奖品”“优惠券”等实实在在的利益搭建起与受众互动的桥梁，制造出对受众的深度参与吸引，完成了传播行为中尽可能有效的信息抵达。

时代正在发展，明天的电视传播会以怎样的方式走进我们的生活？明天的受众将以何种方式与电视信息共舞？而我们电视化的表现语汇将以怎样的面目成为传播的利剑？这些都不得而知。

我们所能预料的只有一点：以高效传播为目标的“电视化表现”语汇是永恒的制胜法宝。

本章笔者以各类形态的电视产品为例，微观分析了电视化表现语汇的最前端的探索和运用。曾几何时，我们将单纯视频的运用作为电视媒体所特有的表现和传播语汇，我们以为这样的方式是区别于平面印刷媒体、广播媒体、户外平面媒体以及电影绘画音乐等艺术媒体的杀手锏。其实，传播事业发展到今天，电视媒体的语汇已经并且完全可以实现将其他一切媒体的语汇在荧屏上进行科学整合，结合电视媒体及时、流畅、动态的传播特性而创新出只有依赖电视技术才能充分实现的电视化表现语汇体系。显然，这个体系里面涵盖了原本电视化表现语汇里所特有的影像、主持人、声音等语汇，更整合了平面印刷媒体的文字、表格、数据、绘图等语汇，整合了广播媒体的强化声音、音响、音效等语汇，乃至整合了电影、绘画、二维、三维动画等艺术媒体的美学语汇，形成了一种崭新的综合化的电视表现语汇。可以说，当今广大受众面前的电视传播是一场集众多传播语汇的超级传播。

本书结语

任何一种交流都有自己的语汇体系，本书试图从传播学的本质出发，将电视媒体产品的“生产、流通”纳入信息传播的轨道，强化电视的传播特征、信息特征和传播效率。本书探讨归纳了电视化信息传播的语汇系统、电视化语汇的运用规律、电视化表现的经典案例、电视化语汇的发展历程和前瞻。

首先，笔者认为关于电视化的探讨是一个有待进一步规范和深入的话题，电视传媒从出现到发展至今虽然只有不到百年的历史，但其发展的势头已经远远超过了其他媒体，有人曾精辟地指出“电视学科根本就是实践的学科”。但是，许多关于电视传播的人文的、技术的理论探讨经常滞后于前端的实践，与此同时，大量生产的电视产品和达成的电视传播每时每刻都在变化和突破，因此有待理论研究者紧跟实践的步伐，深入研究总结出符合当代传播要求的经验和理念以指导引领实践。笔者的总结归纳有可能存在某些局限性和不完整性，但也在尽力辨别电视化发展洪流当中清晰的足音。

其次，相关电视化的研究是一个开放的话题，它是观念决定下的开放，也是技术支撑下的开放。今天的电视化表现，它不再拘泥于前期镜头的“推拉摇移”和后期编辑的“淡出淡入”，在不断发展的传播理念的支撑下，它的手段和技巧已经深入到前期编导的策划、信息捕捉的思路、拍摄的艺术手法、剪辑的蒙太奇组合、素材的运用、传播过程的立体推进以及与观众互动等多个方面。它是电视媒体所特有的信息加工体系，有着信息传播的特有流程和规则，它是独立于其他媒体并且能综合其他媒体信息传播“绝活”的综合性特色存在，而它的全新观念和技巧表现方式反而不能被其他媒体拆分，但可以被直接打包利用。对电视化表现规律的探讨，不单指我们对某个电视台的某个节目传播技巧的探讨，而是超越某个具体的电视传播之上的，对于视听制作和传播技术的提炼和总结。电视传播的开放性让我们预见，也许不久的将来我们可以将“电视化”更名为“视听技术化”，当我们能够运用高科技技术将视听传播的效率无限量地提高时，我们终究将实现传播的登峰造极。

参考文献

1. ［美］威尔伯·施拉姆，［美］威廉·波特. 传播学概论. 何道宽，译. 北京：中国人民大学出版社，2010.
2. 毕一鸣. 主持艺术的新视野：传播学视野中的主持艺术. 北京：中国广播电视出版社，2011.
3. 李东生. 焦点的变迁. 北京：中国大百科全书出版社，1999.
4. 刘路然，唐弦. 传受之间的电视文化. 长沙：中南大学出版社，2007.
5. 李希光. 转型中的新闻学. 广州：南方日报出版社，2005.
6. 聂欣如. 纪录片研究. 上海：复旦大学出版社，2010.
7. 彭国元. 行走的思想. 长沙. 湖南人民出版社，2014.
8. 孙承建. 情绪：影像表意的魅力与体验. 北京：中国电影出版社，2010.
9. 沈忱. 中国电视新闻现场直播：导演手记. 北京：中国广播电视出版社，2004.
10. 童宁. 电视节目的结构方法. 北京：中国广播电视出版社，2004.
11. 童宁. 电视记者新概念. 北京：中国广播电视出版社，2004.
12. 王同杰，王锋，沈嘉达. 影视画面编辑. 北京：中国青年出版社，2011.
13. 王阳. 电视新闻节目中的创新思维. 北京：中国广播电视出版社，2004.
14. 杨晓凌. 解码电视湘军. 北京：中国传媒大学出版社，2009.
15. 袁正明，梁建增. 聚焦焦点访谈. 北京：中国大百科全书出版社，1999.
16. 叶子，刘坚. 电视新闻. 北京：中国广播电视出版社，1997.
17. 壮春丽，吴国田. 主持人足迹 . 北京：中国广播电视出版社，1999.
18. 钟大年，于文化. 凤凰考：建构一个新传媒. 北京：北京师范大学出版社，2004.